AF211304

Was ist schon Geld?
Morgen könnte Dein Flieger abstürzen.

(Dominikanerin zu Ulises, am Vorabend eines Rückfluges)

für Britta
die sich stets neue Geschichten von Pedro wünscht

Informationen zur Entstehung dieses Buches finden Sie auf Seite 83
und auf der Internetseite www.ulises.de

Karibische Impressionen Teil III

Pedro de Las Terrenas

Herausgegeben von Ulises

www.ulises.de

Karibische Impressionen Teil III

Herausgeber: Ulises de Los Charamicos
Website: www.ulises.de   E-Mail: ulises@ulises.de

Autor: Pedro de Las Terrenas
Dieses Buch ist textlich identisch mit von Pedro zwischen
2002 und 2008 im Internet veröffentlichten Kurzgeschichten
© Autor: Pedro de Las Terrenas, Dominikanische Republik

Umschlag: Umschlaggestaltung von Ulises

Bibliografische Information der Deutschen Nationalbibliothek
Die Deutsche Nationalbibliothek verzeichnet diese Publikation in der
Deutschen Nationalbibliografie; detaillierte bibliografische Daten
sind im Internet über http://dnb.d-nb.de abrufbar.

Impressum

© 2009 Herausgeber: Ulrich Greiner-Bechert alias „Ulises"
Mannheim, Deutschland

Herstellung und Verlag: Books on Demand GmbH, Norderstedt
ISBN 9783837083705

Inhalt

Brüsseler Spitzen.

Es gibt eine Unzahl von Gegebenheiten, mit denen wir uns abgefunden haben, ohne jemals auch nur für einen Moment darüber nachzudenken, warum das so ist. Als ein kleines Beispiel von vielen möchte ich auf die Tatsache verweisen, daß unsere Erdkugel nicht überall gleich ausschaut. Es wäre ja auch eine grauenhafte Vorstellung, wenn wir immer die gleichen Pflanzen und Tiere um uns hätten, ständig in dieselben dummen Gesichter unserer Nachbarn sehen müßten. Der Tourismus beispielsweise hätte sich nie entwickeln können und wir wären gezwungen, uns täglich mit Cartoon Network zuzudröhnen, um nicht in Lethargie zu verfallen.

Doch Gott sei Dank hat die Schöpfung uns diese Monotonie erspart. Es gibt ein wahres Füllhorn verschiedenster Lebensformen, die sich eben nur an gewissen Stellen unseres Planeten entwickelt haben, an jenen Orten nämlich, wo sie - wie der Wissenschaftler sagt - endemisch sind und dann gibt es darüber hinaus noch ein paar mystische Punkte auf der Welt, wo eine merkwürdige und unerklärliche Häufung sehr seltener Arten gleichzeitig beobachtet werden kann.

Ein solcher Ort ist Las Terrenas. Wie ein Magnet zieht er die skurrilsten Typen an. Sollten Sie jemals einen Film drehen wollen, sei es nun ein Western oder auch nur blanker Horror - hier finden Sie die passenden Visagen dazu. Für die meisten ist es jedoch lediglich eine Zeitfrage, bis sie uns wieder verlassen, zumeist dann um viele Dollars ärmer, doch andererseits zum Ausgleich gewissermaßen auch um einige Lebenserfahrungen reicher.

Es war an einem Montagabend. Mercedes hatte wieder einmal mit Reis und Bohnen gedroht. Ich saß daher mit den Kollegen am Stammtisch in Heidis Arche Noah und war gerade damit beschäftigt, eine Currywurst mit Pommes Frites vom Teller in den Magen zu befördern, als plötzlich der Herr gegenüber zunächst mit einem kleinen Löffel mehrmals gegen sein fast geleertes Glas klopfte und danach feierlich sagte:

6

„Hiermit eröffne ich die konstituierende Sitzung des Ersten Deutschen Kulturvereins Heinrich Heine, Las Terrenas - e.V."

Es folgte eine atemlose Stille. Die Gespräche endeten abrupt und selbst Ingolf, der Meister der Fernbedienung, fand auf Anhieb den Knopf für die Unterbrechung des Fernsehtones. Wir Altgringos sahen uns an, so als müßten wir uns erst vergewissern, richtig gehört zu haben. Wir haben schon Fassadenkletterer hier gehabt, Taschendiebe, Zuhälter, Zauberkünstler, elitäre Photographen, Bodybuilder, Goldsucher, Großbetrüger, Gebrauchtwagenhändler, Meister des Piercing und der Tätowierung gar, Herren mit pomadiertem Haar, wohlriechend und in Seide gekleidet, Millionäre oder doch zumindest ihre Söhne, Banker und Verleger und was sonst noch alles - doch hier die Kultur einzuführen, das war noch nie da - das war in der Tat etwas Neues!

Die Reaktionen waren denn auch entsprechend unterschiedlich. Hellmut legte beide Unterarme auf den Tisch und setzte ein breites Grinsen auf, Jens lächelte verschmitzt, Ulf schaute wie immer ungläubig in die Gegend, Berti – seiner Profession nach immerhin ein Lehrer - hob erstaunt die Augenbrauen, Hermann bat um die Rechnung und ich stellte sofort vom Bier auf Cuba Libre um.

Der gute Mann hatte einen ungewöhnlichen Vornamen, einen ebensolchen Zunamen und legte im übrigen Wert auf die Feststellung, einen Doktortitel zu besitzen. Er gab sich weitgereist und welterfahren, artikulierte sich in komplizierten Satzstrukturen, was zur Folge hatte, daß jedes zweite Wort ein langgezogenes *„äh"* war und überraschte uns alle mit seinem tiefen Wissen um die Zusammenhänge des Weltgeschehens und zwar in Gegenwart, Vergangenheit und Zukunft! *„Nach deutschem Vereinsrecht brauche ich dazu mindestens äh sieben Unterschriften und nur wenn wir alle äh Normen erfüllen, können wir in der Heimat eingetragen, anerkannt und was das Wichtigste ist, auch äh um Förderung ansuchen."*

Auf die naheliegende Idee, uns zu fragen, kam er gar nicht. Er setzte voraus, daß alle mitmachen würden und die Aussicht auf irgendwelche Fördermittel bestätigte ihn denn auch in dieser Meinung. Mit der gleichen Selbstverständlichkeit ernannte er sich daraufhin zum Vereinsvorsitzenden, kurz V.V. genannt, bestellte Stephan, unseren beliebten Graphiker und Chefdesigner zum Vize, Berti zum Schriftführer und Ingolf zum Vereinskassierer, was dieser naturgemäß mit seinem typischen hinterhältigen, sächsischen Grinsen und sichtlicher Genugtuung quittierte. Dann bat er um Anregungen für die Statuten. Nun war die Hölle los, denn jeder hatte eine andere Vorstellung um die Aufgaben des Vereins. Alle schnatterten durcheinander bis Helle mit seiner kohlenschaufelähnlichen Faust auf den Tisch haute und meinte:

„Ich bin dafür, daß der Verein den ruinösen Preisverfall bei den konkurrenzierenden Tauchschulen unterbindet - sonst trete ich sofort wieder aus!"

Doch gab es auch eine Menge anderer Aspekte: Sollen wir die Österreicher und die Schweizer einbeziehen und wenn ja, unter welchen Bedingungen? Sollen wir jeden aufnehmen, nur weil er deutsch spricht? Was machen wir zum Beispiel mit dem fiesen Pensionisten, der jedes Jahr herüberkommt, um sich hier an die Kinder heranzumachen? Wollen wir den auch und wer entscheidet das überhaupt?

Der Verein war noch keine Stunde alt, da wurden wir schon mit Dingen konfrontiert, die uns bislang vollkommen egal waren. Allein die Aussicht, den mafiösen Italienern und den aufgeblasenen Franzosen endlich ein deutsches Gegengewicht zu verpassen war in der Tat eine reizvolle Sache, der auch ich zunächst einiges abgewinnen konnte.

Für den jungen Verein gab es in weiterer Folge ungeahnte Perspektiven: Selbstverständlich würden wir uns den Rückhalt der deutschen Botschaft versichern, danach mit den Honoratioren des Dorfes in Kontakt treten, um unsere Wünsche und Anregungen an geeigneter Stelle zu platzieren.

Niemand könnte fortan mehr eingesperrt werden, ohne daß der Verein nicht sofort den Herrn Polizeiminister oder gar den Staatspräsidenten persönlich um Intervention bitten würde. Unsere Gesundheit lag uns plötzlich ebenfalls sehr am Herzen und so besprachen wir, einen ent-sprechend kostengünstigen Versicherungsvertrag in Erwägung zu ziehen und zu allem Überfluss beschlossen wir darüber hinaus noch die Bildung eines Fonds für Notfälle allgemeiner Art.

8

Die größten Visionen allerdings hatte unser V.V. selbst. Es stellte sich nämlich heraus, daß er einen Spitzenjob in Brüssel anstrebte und zwar genau an jene Stelle natürlich, welche die ungeheuren Geldmengen, die von den reichen Bürgern Europas hier angeschleppt und gelagert wurden, an sogenannte förderungswürdige Projekte verteilte.

„Den behinderten Menschen sollten die gleichen Rechte eingeräumt werden wie uns allen! Auch sie haben zum Beispiel das Recht auf sexuelle Erfüllung! Ich schlage daher vor, hier in Las Terrenas eine entsprechende Therapiestation einzurichten."

Mit Vorschlägen wie diesem glaubte er allen Ernstes, in Brüssel offene Türen einzutreten! Er schien speziell in diese nur allzu menschliche Richtung seine Fühler auszustrecken, denn während der montäglichen Vereinssitzungen stoppte in unregelmäßigen Intervallen ein Concho vor der Arche und hupte. Unser V.V. entschuldigte sich dann kurz, kramte auf dem Weg dorthin eine Banknote unterschiedlicher Größe aus seiner rechten Hosentasche und streckte sie verschmitzt lächelnd der dunklen Schönheit zu, welche hinten auf der Maschine saß.

„Ja, Haiti," so meinte er *„hat schon eine ganz andere Kultur!"*

Man spräche französisch und die Frauen dort würden sich nicht so schamlos den Touristen nähern wie die Dominikanerinnen hier. Im übrigen hätte er die Absicht, seine Angebetete nach Deutschland mitzunehmen.

Irgendwer stellte ihm dann die Frage, was die Bedauernswerte denn dort machen solle, wenn er den ganzen Tag im Büro säße, um für Brüssel die Kastanien aus dem Feuer zu holen.

„Nun, da haben wir spezielle Beschäftigungsprogramme wie Töpferkurse, Ikebana und dergleichen." Er war sich seiner Sache absolut sicher. Als wir hingegen unsere Zweifel anmeldeten, schaute er uns nur überlegen an und meinte: *„Ich mache 15.700,- DM nach Steuern und daher habe ich recht - ist das jetzt klar?!"*

Er war uns auch in vielen anderen Dingen überlegen. Es stellte sich nämlich heraus, daß Bertis Protokolle weder seinen Vorstellungen noch den deutschen Vereinsstatuten entsprachen und der war - wie schon erwähnt - Lehrer von Beruf.

Irgendwann einmal nahm Hermann mich zur Seite und sagte:

„Weißt Du, Pedro, irgendwie erinnert mich das Ganze an Österreich, das ich auch deswegen verlassen habe, da mir diese ständige Vereinsmeierei auf die Nerven ging."

Ich konnte ihn gut verstehen und einmal, als ich wieder genügend Cuba Libre konsumiert hatte, unterbrach ich die hochtrabenden Pläne unseres Vorsitzenden wie folgt:

„Ich bin zwei Nächte im Knast gesessen, hier in Las Terrenas! Von Euch hat mich keiner besucht! Es waren Dominikaner, die mir zu essen brachten und merke Dir eines: Solange die Schadenfreude größer ist als die Bereitschaft zu helfen, wird es Dir nie gelingen, aus diesen Wildschweinen hier Tauben zu machen. Da kannst Du so viele Vereine gründen wie Du willst!"

Dennoch gehörte ich zu den wenigen Auserwählten, denen er seine handsignierte Visitenkarte überreichte - als er dann nach Europa flog, um seinen schwierigen Job anzutreten. Seine haitianische Braut ließ er nachkommen. Doch schien sie weder Freude an der Töpferei noch an Ikebana zu empfinden, denn nach wenigen Wochen sahen wir sie wieder auf dem Concho vorbeifahren. Sie winkte uns freundlich zu. Das Concho würde irgendwo Halt machen, wo ein anderer älterer Herr lächelnd auf sie zukäme, um ihr irgendeinen Geldschein entgegenzustrecken.

Bleibt noch nachzutragen, daß es eine letzte Sitzung des Kulturvereins gab, bei dem einstimmig festgestellt wurde, daß wir Heinrich Heine dort lassen sollten, wo er hingehört. Mit Kultur hatten wir auch nichts am Hut und so beschlossen wir, wieder wie früher ganz einfach über jene Kollegen herzufallen, die gerade nicht anwesend sind!

So ist es bis heute geblieben und ich denke, das ist auch gut so, denn so können wir bleiben wie wir sind - ein ungeordneter Haufen spinnender Affen zwar - aber glücklich!

Nachruf an Karsten Kraemer.

K arsten Kraemer ist tot. Er starb letztes Jahr in Las Vegas, in jener Stadt, in der er so gerne den Rest seines Lebens verbracht hätte. Der alte Jude aus Lippstadt war schon lange vor mir in Las Terrenas gewesen - ich denke, es werden alles in allem wohl so zwanzig Jahre gewesen sein. Er gehörte jener Elite an, die immer über irgendwelche Geldmittel verfügte, wenngleich ich den Eindruck hatte, daß es ausschließlich das Vermögen anderer war, welches er mit Umsicht und einer nicht zu leugnenden Klugheit zu verwalten und zu behüten vorgab.

Es war ihm gelungen, neben dem größten Hotel im Ort seine Kneipe zu errichten. Hier gab es die gute deutsche Küche wie bei Muttern zu Hause und seine Gäste waren gottlob auch nicht gezwungen, Spanisch zu lernen, für so manchen immerhin schon zwei gute Gründe, vom großen Hotel nebenan herüber zu kommen und hier bei Karsten sein Geld auszugeben. Als ich zum ersten Mal dort auftauchte, hatte er schon ein kleines Hotel darüber gebaut und es Finchen genannt. Es war zwei Stockwerke hoch, besaß etwa zehn Zimmer und das Mauerwerk zierten seine beliebten fünfstrahligen Judensterne. Neben dieser Auffälligkeit verwendete Karsten auch noch eine ganz spezielle Farbe - sie erinnerte ein wenig an das Schönbrunner-Grün, mit dem das alte Wien sich um die Jahrhundertwende so gerne präsentiert hatte.

Benannt war das Gemäuer nach seiner dominikanischen Braut, mit der er tatsächlich richtig verheiratet war und einen Sohn hatte. Der wiederum war Carstencito, was übersetzt etwa der kleine Karsten bedeutet.

Mental war Karsten schwer einzuordnen. Ich hatte das Gefühl, er balancierte ständig auf dem schmalen Grad zwischen Genialität und Wahnsinn, denn obwohl er zumeist mit fremdem Geld hantierte, nahm er seine Sponsoren nicht wirklich aus, ließ sie nie fallen oder gar im Stich. Viele seiner Geldgeber hätten ohne ihn mit Sicherheit alles versoffen oder sonst wie durchgebracht – Karsten hingegen wußte immer etwas sinnvolleres damit anzufangen. Um seine Kneipe zu füllen, organisierte er mindestens einmal im Monat ein großes Fest. Die mit Abstand umsatzträchtigsten Feierlichkeiten waren – wie könnte es auch anders sein – Hochzeiten und so nimmt es nicht wunder, dass Karsten im ersten Heiratsbuch von Las Terrenas bei jedem dritten Ja-Wort als Trauzeuge angeführt ist.

Einer der großen Investoren, an die ich mich erinnern kann, war Georg. Angeblich kam er mit einer halben Million guter deutscher Mark herüber. Er wohnte im Finchen, wurde zunächst mit Maricella verheiratet, damals eine der schlimmsten Huren des Dorfes und kaufte dann von Karsten die Kuh Bar Libre. Die nämlich hatte Karsten zusammen mit Hannes, dem Österreicher, der zu seinem harten Kern gehörte, direkt neben dem Rio de las Terrenas, dem einzigen Fluß des Ortes errichtet und auch dieses Gebäude wieder mit der eigenartigen Farbe und den neckischen Sternchen versehen.

Legendär war die Hochzeitsfeier mit Maricella! Es wurden in dieser Nacht sagenhafte siebzig Hühner gegrillt. Schon am frühen Nachmittag ging es los. Um den Griller recht bald auf die gewünschte Temperatur zu bringen, wurden die ersten Viecher über glimmende Plastikbecher gedreht, die ein paar Kinder vorher beim nahen Strand eingesammelt und unter die Holzkohle versteckt hatten. Da auf diese Weise das Dioxin gleich mitgeliefert wurde, beschloss ich, erst zu späterer Stunde an den Feierlichkeiten teilzunehmen. Es wurde ein rauschendes Fest, fast alle Gringos deutscher Zunge waren anwesend und das war auch kein Wunder, denn die Konsumation war zur Gänze gratis! Gegen fünf Uhr früh fanden sich dann die Concho - Fahrer ein und fielen über die Reste her. Eine Woche später nannte mir irgendwer den Preis, den Karsten dem frisch gebackenen Bräutigam in Rechnung gestellt hatte: es sollen über siebzigtausend Pesos gewesen sein, ein Betrag also, für den man ohne weiteres schon einen richtig feinen Jeep hätte kaufen können.
Karsten aber fand tröstende Worte:
„Wie oft heiratet man denn schon? Noch dazu in der Karibik!"

Doch diese Mischehen gehen in der Regel nicht gut, zu groß sind die Unterschiede in den Denkweisen der Liebenden. Und es dauerte auch kein Jahr, da ließ Georg sich wieder scheiden, immerhin ein weiterer Grund zum Feiern und wo diese Feier stattfand, bedarf doch wohl keiner besonderen Erwähnung!

Geradezu genial waren auch seine Firmenverschachtelungen. Raoul, sein unentwegt Whiskey trinkender dominikanischer Anwalt und Notar, pflegte der Einfachheit halber das niederzuschreiben, was Karsten ihm diktierte, knallte danach seinen Stempel darunter und schon war es amtlich! Auf diese Weise benannte er zum Beispiel den Weg, an welchem Finchen gelegen war, ganz einfach Calle de Chicago Boss, eine Hommage an seinen alten Freund Bob, der jedes Jahr aus den Staaten herüber kam und viele von uns mit abenteuerlichen Erzählungen aus seinem erfüllten Fliegerleben beglückte.

Doch kommen wir wieder zu Georg zurück! Der sah sich nämlich nicht in der Lage, die Kuh Bar professionell zu führen, da er entweder die Vorräte an gute Freunde in Form von *„Diese Runde geht aufs Haus!"* verschenkte und/oder selbst versoff. Also vermietete er die Bar an Kö, der auch ständig im Dunstkreis Karstens anzutreffen war und sich dadurch Respekt zu verschaffen suchte, indem er mehrmals täglich eine volle Flasche Presidente Bier in einem Zug ohne abzusetzen in sich hineingoss, um danach mit einem bestialischen Rülpser alle Anwesenden im Umkreis von fast zweihundert Metern in fassungsloses Erstaunen zu versetzen.

Der nun schrieb immerhin schön ordentlich alle bestellten und konsumierten Getränke auf und führte somit die betriebswirtschaftlichen Agenden mit der Akribie eines gewissenhaften Buchhalters alter Schule. Doch die ständige Schreiberei hatte auch ihre Schattenseiten, denn Kö kam nun nicht mehr dazu, die Bestellungen auch auszuliefern und so suchte er einen Kellner. Daß das Nützliche mitunter auch sehr nahe liegen kann, wissen wir alle und so nahm sich kein geringerer als Georg dieser Aufgabe an, denn der war ja jetzt ohne Arbeit und das ist nicht gut für einen Mann.

Er machte seine Sache denn auch wirklich gut und das wiederum veranlaßte Karsten, ihn abzuwerben und für sich bei Finchen formlos anzustellen und seine Gäste bedienen zu lassen. Man sieht also, das Land braucht Investoren, die erstens viel Geld mitnehmen und zweitens auch bereit sind, selbst Hand anzulegen, wenn es mal drauf ankommt!

In der Folge sah man Karsten nur mehr tief befriedigt lächelnd mit seinem Block vor dem Bauch auf und abgehen und mit lauten Worten den armen Georg anweisen, Speisen und Getränke von hier nach da und die Reste wieder zurückzutragen.

Auf meine Frage, was das denn eigentlich für ein Spiel sei, lachte Karsten mich verschmitzt an und meinte: *„Wir spielen hier das Spiel der wundersamen Geldvermehrung und bei einer Mindesteinlage von zwanzigtausend Dollars kannst Du auch mitspielen, Pedro."* Er wußte, daß ich nicht einsteigen würde, denn ich hatte damals eine offene Rechnung von einhundertundachtzig Pesos, was ihn dazu veranlaßte, mir kein weiteres Bier mehr anzuschreiben. *„Dann eben nicht."* Ich hob die Schultern hoch, stieg auf den alten Jeep und tuckerte zurück zum Strand.

An der Weggabelung hielt mich Hannes auf:
„Du Pedro, ich warte immer noch darauf, daß Du mir Dein Buch schenkst!"
„Du bist wohl nicht ganz dicht, Hannes! Meine besten Freunde haben ohne Murren bezahlt und ausgerechnet Du, der mit Karsten überall beteiligt bist, willst es von mir armen Poeten geschenkt haben?! Doch hör gut zu! Ich habe da eine Latte bei Finchen. Die übernimmst Du und ich trinke jetzt sofort noch ein Bier dort. Hier hast Du das Buch!"
Und so geschah es. Als Karsten mir das Bier brachte, grinste ich ihn an und sagte:
"Ich möchte Dich lächeln sehen, Karsten!" Und er lächelte!

Leute wie er haben nicht nur Freunde. Einer seiner erklärten Gegner war ein Kanadier, der direkt vor ihm eine Pizzeria betrieb und auch heute noch betreibt. Die Sache eskalierte, als der auch noch neben der Kuh Bar eine Filiale eröffnete und so beschloß Karsten im Gegenzug, direkt gegenüber dem Lokal seines Widersachers mit Georgs Geld ein weiteres Hotel zu bauen. Es wurde in der Tat ein richtig hoher Klotz; vier oder gar fünf Stockwerke kamen da aufeinander, obschon die Geschoßdecken bedenklich an Stärke zu wünschen übrig ließen. Ansonsten wurde jedoch nicht gespart: Die keramischen Fliesen kamen aus dem fernen Spanien und die Klimaanlagen aus Miami. Selbstverständlich fehlten auch hier die eigenartige Farbe und die berühmten Sternchen nicht! Eine dominikanische Delegation vom Ministerium für Baugenehmigungen, die offensichtlich der Kanadier von nebenan in Bewegung gesetzt hatte, wurde von Karsten zum Essen eingeladen und dann so mit Alkohol zugegossen, daß sie erst in San Francisco de Macoris wieder zu Bewußtsein kam. Auf eine weitere Besichtigung wurde hernach verzichtet.

„Die haben doch tatsächlich die Bauzeichnungen sehen wollen!" erklärte mir Karsten dann sein gastfreundliches Treiben, „Doch alle Zeichnungen befinden sich auf diesen zwei Klorollen hier und das war selbst mir etwas zu intim!" Andererseits war er jedoch auch sehr stolz auf seine diversen Bauvorhaben, denn eines Tages gestand er mir, sein Gäste-WC umgebaut zu haben, so daß es jetzt möglich sei, während der Verrichtung einen direkten und ungetrübten Blick auf den Haupteingang des großen Hotels von nebenan werfen zu können.

Alles was er tat geschah nicht, um etwas zu besitzen und zu behalten, sondern um es mit Gewinn wieder los zu werden! Das war nicht nur mit seinen Immobilien so, das bezog sich auch auf die Frauen. Finchen - so sind wir uns heute noch alle einig - war eine äußerst liebenswerte und fleißige Frau, führte die Küche bravourös und war absolut ehrlich und verläßlich. Dennoch kam es zum Bruch: Karsten schwängerte sein Kindermädchen und zwar gleich so heftig, daß sie Zwillinge erwartete. Die Hochzeitsreise führte die beiden zum Machu Pichu hoch oben in die Berge Perus, wo Karsten in Cuzco ein Haus anmietete, seiner Braut eine alte Indianerin zur Seite stellte und danach seine alleinige Rückreise nach Las Terrenas antrat. *„Begreifst Du jetzt, warum es Hochzeitsreisen gibt?"* fragte er mich lächelnd.

15

Doch es muß in Peru etwas gegeben haben, das ihn bewog, in Las Terrenas alles zu versilbern und sich anderen Dingen zuzuwenden. Er verkaufte das neue Hotel an eine italienische Familie, dann Finchen an einen Österreicher und zum Schluß die Kuh Bar Libre noch einmal an Alfred, unseren Polen, dem die nächste Geschichte gewidmet sein wird.

„Las Terrenas ist nicht mehr, was es einmal war. Du weißt, was ich meine, denn Du hast es ja auch noch miterlebt. Ich bin Las Terrenas müde geworden! Ich muß weg, bevor sie hier noch die ersten Ampeln installieren! Komme ich übrigens auch vor in Deinem Büchlein, Pedro?" Ich legte meine Hand auf seine Schulter und lächelte zurück: *„Nein - sei dankbar, Karsten!"*

Die gewöhnlich gut informierten Quellen sprachen indes bereits von der nächsten Frau, der Karstens Interesse gegolten hätte. Sie besäße ein gutgehendes Hotel neben den alten Kultstätten oben in den Anden, wo täglich viele Touristen ihre Dollars ausgeben würden. Mit dieser Frau und seinem Sohn verunglückte er dann bei dem fürchterlichen Verkehrsunfall in Las Vegas. Er nahm Carstencito mit in den Tod. Beide Leichen wurden verbrannt und die Asche in alle Winde verweht. So wie sein Leben war auch sein Ende: Außergewöhnlich!

Es gibt Stimmen, die besagen, daß Karsten mit dem Erlös seiner Verkäufe ins Drogengeschäft einsteigen wollte, doch hätte er die dort üblichen Geschäftsmethoden unterschätzt.

Ich erinnere mich an folgendes Gespräch: *„Du Karsten, im zweiten Teil kommst Du vor! Du kannst es lesen, bevor es in Druck geht."* - *„Das ist nicht notwendig, Pedro. Ich vertraue Dir blind! Du kannst über mich schreiben was Du willst. Mein Einverständnis hast Du auf jeden Fall!"*

Das ist der Grund für diese Zeilen. Andere haben ihn besser gekannt, wären berufener gewesen als ich, doch einer mußte es schließlich machen, denn Karsten war kein Durchreisender. Er hat einen Teil der unendlichen Geschichte von Las Terrenas mitgeschrieben.

Was macht der Pole mit der Kohle?

Eigentlich war er ja in dieses Land gekommen, um eine Brücke über den Rio Yasica zu bauen. Doch wie so viele andere Besucher dieses Landes verlagerte auch Alfred seine Interessen in ganz andere Richtungen, denn während die schweren Eisenteile der Brücke inzwischen auf einer feuchten Wiese irgendwo zwischen Gaspar Hernandez und Cabarete dahinrosteten, suchte sich unser Pole zunächst einmal eine Braut.

Im Gegensatz zu jenen Abenteurern, die hier ganz einfach nur ihr Geld versaufen und danach uns oder ihre Botschaften um den Rückflug anschnorren, legte Alfred Wert auf ein gesichertes Einkommen. Die Kuh Bar Libre schien ihm gerade recht, denn hier gab es damals zu ebener Erde eine Wechselstube nebst einem Telephonladen und darüber die eigentliche Bar mit einem kleinen Raum dahinter, in welchem drei Computer mit Internetanschluss standen. Alles in allem also eine todsichere Sache, denn ein Gebäude mit vier verschiedenen Geschäften - da konnte ja wohl einfach nichts mehr schief gehen!

Als nächstes mietete er dann ein kleines Haus neben der Radiostation von Las Terrenas an und richtete es komplett neu ein. Seine Braut war im Anfang auch sehr fleißig und kochte und putzte, daß es eine reine Freude war. Natürlich war sie nicht allein, denn wenn jemand mit einer Dominikanerin liiert ist, nimmt sie selbstverständlich die halbe Familie mit - sollen doch möglichst viele an ihrem Glück teilhaben!

In der Folge sah man Alfred nun mehrmals täglich zwischen seiner Wohnung und der Kuh Bar hin und her pendeln und zwar zunächst mit seinem Auto, dann - als dieses von den Kindern zu Tode repariert worden war - mit dem Motorrad und - nachdem er dieses in seiner großen Güte mit den gleichen Kindern so lange geteilt hatte, bis auch das den Geist aufgegeben hatte - mit dem Betriebsfahrrad.

Sein Tagesablauf war stets derselbe: Nach dem Frühstück ging's ins Geschäft, um zwölf wieder nach Hause zum Mittagessen, danach kam die Siesta, um die Mittagshitze zu überstehen und so gegen vier dann wieder zurück in Richtung Kuh Bar.

Ich kam erst ins Spiel, als dieses tägliche Einerlei eine jähe Unterbrechung erfuhr, denn eines Tages fiel Alfreds Mittagessen aus. Der Grund war ebenso einfach wie unangenehm, die Wohnung war nämlich zur Gänze ausgeräumt worden; sie war - wie man in Immobilienkreisen zu sagen pflegt - besenrein: Das gesamte Mobiliar war weg, inklusive des Fernsehers, des großen Kühlschranks, des Küchenherdes mit den Gasflaschen, der Waschmaschine, der Betten und aller sonstigen Sachen.

„Du sag mal, Pedro! Du bist doch schon eine Weile hier. Was hat denn das zu bedeuten? Wie soll ich mich denn nun verhalten?"
Wir standen vor der leeren Hütte.
„Sieh es einmal so, Alfred!" legte ich tröstend meinen Arm auf seine Schultern *„Sie war zum ersten Mal ehrlich zu Dir! Sie hat Dir gezeigt, was sie von Dir hält! Es gibt circa vier Millionen Frauen hier auf der Insel. Such Dir also bitte eine andere!"*
Seine Reaktion überraschte selbst mich: *„Aber ich liebe doch diese Frau!!!"*
„Ja dann mußt Du neue Möbel kaufen, Alfred!"
Und das tat er dann auch.

Szenenwechsel!
Eine neue Wohnung, neue Möbel, diesmal aus handgeschnitztem Mahagoniholz, neuer Fernseher, Kühlschrank, Herd und Waschmaschine - alles war neu, nur die Akteure waren die alten geblieben.

„So schlecht kann sie ja gar nicht sein, Pedro!" vertraute er mir eines Tages an. *„Sie möchte ihren Beitrag zum Haushaltsgeld beisteuern und arbeiten gehen."*
„Klingt gut, Alfred. An was dachte sie denn dabei?"
„Sie möchte im Colmado ihres Onkels aushelfen und sich so etwas dazuverdienen."

Das klang zwar immer noch gut, doch hatte er etwas Entscheidendes verschwiegen. Der Laden war nämlich so gut wie pleite und daher mußte Alfred zunächst mit runden hundertfünfzigtausend Pesos die aufgelaufenen Verbindlichkeiten auf Null stellen und danach Waren

18

einkaufen, was etwa eine gleichgroße Summe erforderte, denn was hätte seine Angebetete denn sonst verkaufen können? Ob sie auch nur für eine Stunde tatsächlich im Laden gestanden ist oder jemals ein Gehalt von ihrem Onkel bezogen hat, entzieht sich indes bis heute unser aller Kenntnis.

Angesichts dieser - aus Sicht ihrer dominikanischen Familie - durchaus erfreulichen Investitionen verlief denn auch der Hausfrieden wieder eine Weile recht harmonisch bis hin zu jenem denkwürdigen Tag, als Alfred leicht angesäuselt so gegen fünf am Nachmittag nach Hause kam und die auf dem Bette liegende und fernsehende Lebensgefährtin mit der Frage belästigte:
„Gibt es denn hier nichts zu essen? Ich habe Hunger!"
Unverwandt schaute diese auf den Bildschirm:
„Ohne Geld gibt es hier gar nichts!"
Also rückte Alfred zweihundert Pesos heraus. Die verschwanden zunächst blitzschnell irgendwo in ihrer Bluse und dann kam die verhängnisvolle Antwort:
„Für zweihundert Pesos hebe ich doch meinen Hintern nicht aus dem Bett!"
Die Situation spitzte sich dramatisch zu, als sie mit der Schere Alfreds Bauch aufschlitzen wollte. Es wurde denn auch tatsächlich eine recht ordentliche Schramme. In Todesangst versuchte Alfred nun, seine Braut von der Schere zu trennen, was ihm zwar gelang, doch zeigte sie ihn daraufhin wegen Körperverletzung bei der Polizei an.
Das war dann das zweite Mal, daß ich ins Spiel kam.

Die Sitzordnung war ähnlich wie beim Dominospiel: Die Schlampe mir gegenüber, Alfred rechts und der Teniente links.
„Was machen wir denn nun?" fragte ich den Polizeichef.
„Einsperren - was denn sonst?!"
„Wen denn?"
„Na IHN natürlich!"
„Hör gut zu, Teniente! Der Mann hat einen Bypass am Herzen. Wenn der in Deiner Zelle stirbt, werde ich dafür sorgen, daß Du ganz große Probleme bekommst!"

Doch es nutzte nichts, Alfred gab den Hosengürtel ab und verschwand in das Rattenloch hinter der Kaserne. Immerhin war es mir noch gelungen, auch seine Braut in Haft nehmen zu lassen. Ich besorgte ihm noch was zu Essen und Zigaretten. Dann ging der Tag zu Ende.

Am nächsten Morgen wollte ich Alfred aus der Zelle holen und gegenüber in die Casa Azul zum Frühstück am Strand einladen. Auf der Station erfuhr ich dann, daß der Pole bereits zu Hause sei.
Was war in dieser Nacht geschehen?

Gegen drei Uhr früh war es dann brenzlig geworden: Alfred hatte tatsächlich einen Schwächeanfall bekommen, die Mitgefangenen hatten mit ihren Schuhen so lange gegen die Gitter der Zellentüre getreten, bis die Polizisten ihn rausholten und mit Blaulicht in das Spital brachten. Der Arzt erkundigte sich beim Sergeanten:
„Hat der wen umgebracht?"
„Nein, der hat nur Probleme mit seiner Frau!" war die Antwort.
„Den könnt ihr nicht einsperren, der Mann hat einen gefährlich hohen Blutdruck. Der schläft heute nacht in seinem Bett!"
Und während Alfred also mitten in der Nacht total geschafft die Stiegen zu seiner Wohnung erklomm, war eines seiner lieben Kinder schon wieder dabei, die nächsten Möbel auseinanderzuschrauben und wegzubringen!
Die kleine schwarze Ratte saß noch zutiefst beleidigt in einem der goldenen Schaukelstühle auf der Terrasse, als ich den Polen endlich in seinem Bette liegend antraf.
„Wieso hast Du den Bengel nicht schon längst von der Terrasse geworfen?" fragte ich etwas verwundert, doch Alfred meinte nur:
„Weißt Du Pedro, es ist doch so: Wenn seine Mutter ihn beauftragt, die Möbel wegzubringen, dann muß er das natürlich machen, aber in seinem Herzen steht er auf meiner Seite, hat er mir versichert!"

Wenig später saßen wir auf der Terrasse und tranken Bier aus großen Flaschen. Der Kleine war inzwischen gegangen. Nach einer Weile erschien dann der neureiche Onkel und forderte uns auf, zur Polizei zu gehen und dort irgendwas zu unterschreiben, damit die liebe Nichte wieder freikommen könne, denn die war ja immer noch in Haft. Ich gab ihm zu verstehen, daß wir hier lieber weiter unsere Freiheit genießen und Bier trinken möchten. Die Götter hätten das so gewollt und daran würden wir auch nichts ändern. Schließlich habe SIE ja die ganze Sache zur Polizei gebracht und wenn sie freigehen wolle, bräuchte sie ja nur die Anzeige gegen Alfred zurückziehen!

Eine Stunde später überbrachte uns der gute Onkel dann ihre Antwort: Sie würde die Anzeige zurückziehen, wenn sie dafür die Wohnung (mit den Möbeln natürlich) bekäme! Ich hatte sofort eine wahrhaft dominikanische Idee:

„Was hältst Du davon, wenn WIR jetzt mal zur Abwechslung die Möbel mitnehmen, Alfred? Bringe sie einfach zu mir, denn mein Haus ist weitgehend leer! Danach fährst Du dann zur Polizei und gibst ihr die Schlüssel und wenn sie dann die Wohnungstüre aufsperrt, werden wir ein Photo von ihr machen!"

Doch die Sache wurde nicht mit ganzem Herzen angegangen und bevor sie mich auch noch des Diebstahles bezichtigen konnte, schickte ich die paar Sessel lieber wieder zurück.

Nachdem der Pole also nun auch die zweite Möbelgarnitur losgeworden war, schien er zunächst ein wenig Abstand von seiner Geliebten nehmen zu wollen, denn er mietete sich ein kleines Zimmer mit Küche und Bad bei einem guten Freund an. Hier fand er endlich Ruhe, denn der Hausbesitzer hatte seiner großen Liebe den Zutritt ausdrücklich verboten.

In dieser für Alfred so schweren Zeit machte ich ihm eines Tages folgenden Vorschlag:

„Was hältst Du davon, wenn ich jetzt mal die Regie übernehme, Alfred? Als erstes bekommst Du eine neue Braut. Die habe ich bereits bestellt und die wird in ca. einer halben Stunde geliefert. Heute Nachmittag ist schon die Hochzeitsfeier angesetzt und die Ehe wird dann morgen früh um zehn hier auf dem Tisch öffentlich vollzogen!"

Als Altagracia dann tatsächlich erschien, wunderte sich der Pole schon gar nicht mehr, er nahm sie einfach bei der Hand und führte sie zunächst voller Stolz durch seine Kuh Bar, erklärte ihr dann die Funktion der Computer und des Call Back Systems seines Telephonladens und nahm sie anschließend mit zu sich.

So hatten wir schlußendlich alle was davon: Alfred hatte nun neben seinem Betriebsfahrrad also noch eine Betriebsbraut, die wiederum hatte die Gunst der Stunde genutzt und einen Arbeitsplatz in der Bar ergattert und wir konnten nun endlich die Titten sehen, die wir immer sehen wollten!

Doch wie das nun mal so ist im Leben: Jedes Ding ist endlich! Es kam der Heilige Abend. Altagracia war bei ihrer Familie in Sanchez. Alfred und ich standen in seiner Bar, er auf der einen und ich auf der anderen Seite der Theke. Ergriffen hob er plötzlich sein Gesicht zum Himmel und meinte voller Seelenpein:
„Ich bin ganz alleine, Pedro!" Dicke Tränen fielen zu Boden.
„Das sind wir doch schließlich alle!" versuchte ich ihn zu trösten, doch nun folgte ein wahrhaft heldenhafter Entschluß:
„Paß bitte auf die Bar auf! Ich bin gleich wieder da, Pedro."

Damit stand ich nun zum ersten Mal auf der anderen Seite der Theke und es dauerte auch nicht lange, da erschien Jens, unser Klempner und bestellte einen Cuba Libre. Dessen Zubereitung war ja nun wirklich kein Problem.
„Ich bin hier allerdings nur zur Aushilfe, Jens. Ich hoffe daher, Du kannst ihn auch bezahlen."
Er holte lächelnd einen zwanzig Pesos Schein hervor und den legte ich dann in die kleine rote Blechkiste, die zu diesem Zwecke auf dem Tisch neben der Spüle stand. Danach kam ich um die Theke herum, setzte mich zu ihm und wir plauderten gerade ein wenig, als ein Motorrad unten anhielt:

Alfred stürmte die Stiege hinauf - dicht gefolgt von seiner alten Braut, genau jener, die wir mit allen Mitteln von ihm fernhalten wollten! Ihre erste Aktion war denn auch bezeichnend: Anstelle eines Grußes verschwand ihre Hand in der Kasse und die soeben erst eingenommenen zwanzig Pesos hatten ihren Besitzer gewechselt. Alfred hatte das gar nicht bemerkt, so überglücklich war er, nun endlich nicht mehr alleine zu sein!

Nun, als seine alte Braut wieder im Rennen war, ergaben sich natürlich weitere ungeahnte Möglichkeiten, Alfred abzuzocken: So fiel eines Abends in der Kuh Bar wieder einmal das Licht aus. Das kommt hin und wieder vor und die Compania de Fuerza y Luz tauscht dann irgendwo einen Transformator aus und in maximal einer Stunde ist alles wieder hell. Doch dieses mal war der Grund ein anderer: Die Rechnung war nicht bezahlt worden!

„Ich habe dem Onkel doch extra das Geld dafür überwiesen!" entrüstete sich Alfred. Dieser jedoch hatte einen anderen Verwendungszweck für wichtiger gehalten. Also mußte der Pole noch mal bluten. Auch weitere Auftritte bei der Polizei, verbunden mit einigen Stunden Knast gingen auf das Konto seiner alten Liebschaft.

„Gib mir Dein Geld, Alfred! Ich hebe es für Dich auf. Die Bullen nehmen es Dir sonst ab, wenn Du einsitzt!"

Das tat er dann auch, doch sah er es trotzdem nicht wieder, denn der Onkel hatte inzwischen damit seine überfällige Stromrechnung bezahlt!

In diesem Stil ging es dahin und es dauerte auch nicht mehr lange, da war unser Pole endgültig pleite. Das war ja auch leicht vorhersehbar, denn hier in Las Terrenas wurde schon soviel Geld ausgegeben, daß die Hauptstrasse eigentlich gülden glänzen müßte. Hier würde selbst die Weltbank zugrunde gehen!

Mir hatten die Götter indes eines deutlich zu verstehen gegeben: Ich habe nicht das Recht, die Regie für irgend jemanden zu übernehmen und ich habe daraus gelernt. Also verfolgten wir das Geschehen weiter - in dem Dorf bleibt ja wirklich nichts verborgen - griffen aber nicht mehr ein. Und siehe da: Plötzlich hatte unser Pole nur mehr Glück. Er hat inzwischen einen guten Job angenommen, seine Kuh Bar vermietet und was das Wichtigste ist: er hat eine neue Braut und die ist doch tatsächlich so hübsch, daß ich schon den Vorschlag machte, sie zu klonen, denn dann hätten wir wieder alle was davon!

Freunde und Helfer

Zwanzigtausend Dollars sind viel Geld. Diesen Betrag hatte ein Landsmann mir abgenommen und damit sein Haus gebaut. Ich erwirkte zwar eine Hypothek darauf, doch mein Geld sah ich vorerst nicht. Statt dessen schickte er mir einen Killer auf den Hals, was ja auch wesentlich billiger ist als einen derartigen Betrag – noch dazu mit einem Prozent Zinsen pro Monat - zu bezahlen.

Eine Situation wie diese kennen wir normalerweise ja nur aus dem Samstag Nacht Krimi auf Kanal eins, doch unmittelbar damit konfrontiert zu werden, das schaut dann aber ganz anders aus!

„Pedro, da ist jemand erschienen, der will Dir Böses! Der ist nicht von hier. Der kommt aus Puerto Plata. Paß gut auf Dich auf!"
Es waren meine dominikanischen Freunde, die es zuerst bemerkten. Sie waren ständig um mich herum, nicht einmal beim Pinkeln ließen sie mich alleine!

Ich war gefordert, keine Frage. Den nächsten Flieger nach Europa nehmen war der erste Gedanke. Aber dann beschloß ich, mich dieser unerfreulichen Sache zu stellen und den dunkelhäutigen Killer ganz einfach mit eigener Hand umzunieten.

Also erschien ich beim hiesigen Polizeikommandanten und fragte ihn höflich:
„Es possible alquilar una arma de fuego?" – *„Ist es möglich, eine Waffe zu mieten?"*
Er war bekleidet mit einem ehemals weißen Unterhemdchen und einer zerknitterten Khaki Hose, hatte einen Nabelbruch, lehnte mit seinen nackten Füßen gegen die hölzerne Wand seiner blauen Behausung hinter der Bullenstation und stocherte mit einem schmutzigen Hölzchen in seinen Zahnruinen herum:
„Pah! – Pah! – Pahraque?" – *„Warum?"* hustete er mich an.
„Para defender!" – *„Zur Verteidigung!"* erwiderte ich freundlich.

25

Er stand einfach da und dachte über mein Ansinnen nach, dann spuckte er auf den Boden, hob seine rechte Hand vor mein Gesicht, ließ seinen Zeigefinger von links nach rechts wandern und meinte: „

Eso no es possible, Senor!" – *„Das ist nicht möglich, mein Herr!"*

„Entonces – es possible alquilar esta arma con el Dueno, que tienela?" – *„Alsdann - ist es denn möglich, die Waffe zu mieten mit dem Bullen, der dranhängt?"*

Da füllten sich seine Augen mit einem satten Glänzen. Er hob seine Augenbrauen hoch und meinte:

„Eso es possible, Senor!"

Wir einigten uns auf einen Preis von je 100 Pesos, dann mietete ich zwei Polizisten an.

Ich klärte die beiden über meine Situation auf und fügte hinzu, daß der Killer jede Nacht so zwischen drei und halb fünf sich an mein Appartement heranschliche, welches damals direkt an die dicht bewachsenen Kakaoplantagen angrenzte. Es gab ihn tatsächlich: ich hatte ihn schon zweimal dabei beobachtet!

„Du mußt genau so weiterleben wie früher, Pedro. So – als wenn Du gar nichts bemerkt hättest! Also ist heute Abend die Discotheca angesagt!"

Ich hatte es ganz offenbar mit ausgesuchten und bestens geschulten Spezialisten zu tun - Leute, die was von ihrem Handwerk verstanden! Also trafen wir uns am Abend in der Disco. Meine beiden Bodyguards waren in Zivil, das heißt, sie unterschieden sich äußerlich in nichts von den hier üblichen Verbrechervisagen, die nur auf ihre Möglichkeit warten, von irgendeinem Tisch eine halbvolle Flasche Rum zu stehlen. Mit von der Partie waren außerdem noch Lothar, mein Leibwächter, Oliver, der älteste Sohn von Don Luis, dem das Punta Bonita Hotel gehört und Chago, mein letzter Dominikaner.

Wir alle tanzten und soffen drauf los und hatten unseren Spaß. Selbstverständlich ging alles auf meine Rechnung und speziell die beiden Bullen nutzten diese Gelegenheit rigoros aus. Sie waren so begeistert, daß sie auf ihre eigentliche Aufgabe vollkommen vergaßen und so wurde es immer später. So gegen zwei Uhr früh blies ich

26

dann zum Aufbruch, doch die beiden wollten noch immer nicht. Erst als ich ihnen deutlich machte, daß sie ihr Geld ja irgendwie auch verdienen müßten, nahmen sie auf meinem Jeep Platz. Vorher jedoch hatten sie sich jeder noch zwei große Flaschen Presidente Bier eingesteckt. So kamen wir schlußendlich doch noch von der Kür zur Pflicht und fuhren zu meinem Appartement am Rande des Urwaldes.

Ich hatte nun erwartet, daß die zwei sich irgendwo in der Nähe verstecken würden, um auf den bösen Mann zu warten und ihn festzunehmen, doch da hatte ich mich gründlich getäuscht, denn sie betraten mit uns das Appartement, grölten besoffen herum und pinkelten zu allem Überfluß noch in meine Badewanne, weil sie offenbar nicht wußten, welchen Zweck diese sonst zu erfüllen hatte.

Also erklärte ich den beiden, was ich von ihnen erwartete und daß sie gefälligst dem Killer draußen aufzulauern hätten.

„No Problemo!" war die Antwort, dann holten sie ihre Schießeisen heraus und ballerten sinnlos in der Gegend herum.

„Lothar! Nimm diese Kinder mit ihren Waffen, lade sie auf den Jeep und bringe sie auf die Bullenstation zurück! Die sind total unbrauchbar. Ich will die hier nicht mehr sehen. Nimm bitte die Schlüssel und beeile Dich! Vielleicht passiert doch noch was heute Nacht."

Lothar fackelte auch nicht lange. Er nahm sie einfach links und rechts bei den Hemdkragen, hob sie ein wenig hoch, warf sie hinten auf den Jeep und weg waren sie.

Da saß ich nun in meinem Appartement, die Machete in der Hand und wartete. Oliver hatte sich mit seinem schweren Kopf längst zu Bett begeben und Chago war auf dem Schaukelstuhl sitzend eingeschlafen. Nur ich war noch hellwach. Jedes Geräusch nahm ich wahr, jede Bewegung draußen wurde registriert. Es war kurz vor Vollmond und so konnte man alles recht gut erkennen. Es war sternenklar. Die Palmen auf der anderen Straßenseite wiegten sich leicht im Wind. Ich saß im Schatten neben der Eingangstüre, bereit, jederzeit mit dem Buschmesser zuzuschlagen. Doch es geschah nichts. Der Killer war vermutlich durch die unbedachte Schießerei vorgewarnt und würde wohl heute nicht mehr erscheinen.

Die Zeit schien stillzustehen. Nichts geschah. Nach über einer Stunde hörte ich das vertraute Auspuffgeräusch meines Jeeps und Lothar kam endlich zurück.

Als er den Motor ausschaltete, glaubte ich glatt, mich trifft der Schlag: Die beiden Bullen waren wieder da und hatten zusätzlich noch zwei Hurenweiber mitgenommen! Die wollten also nicht nur auf meine Kosten saufen, sondern auch noch vögeln! Eine wackelte mit ihrem kleinen Hintern durch meine Eingangtüre.

„Hola Pedro!" flötete sie.

Nun reichte es mir aber!

„Die Party ist zu Ende! Raus!" brüllte ich, doch die verstanden plötzlich kein Spanisch mehr. Unberührt setzten sie ihre unterbrochene Sauferei fort.

Auf einem runden Holztisch standen acht oder mehr große Flaschen Bier. Ich nahm meine Machete, holte kurz aus und dann flog sie backhands durch die Flaschen. Diese standen zwar immer noch auf dem Tisch, doch waren sie nur mehr halb so groß! Ein riesiger Fleck war auf der Wand entstanden und der Boden war mit Glassplittern übersät. Da herrschte plötzlich Gedränge an der Türe! Sie konnten gar nicht schnell genug verschwinden, so eilig hatten sie es. Denn jetzt drehte der Pedro durch und so stand also um halb sechs in der früh eine der kleinen Huren auf der Urwaldpiste und schrie pausenlos: *„Moto Concho! Moto Concho!"* Doch das gab es natürlich nicht um diese Zeit.

„Setz Dich hinten drauf, ich tue Dir doch nichts!" beruhigte ich sie schließlich und dann fuhren wir alle wieder ins Dorf zurück. Auf der Polizeistation lud ich die Bullen mit ihren Weibern ab und dann machten Lothar und ich noch einen Besuch in der Blue Bar, welche sich damals direkt neben dem Eingang zum Nuevo Mundo befand und wo man um weniger Geld die gleichen Mädchen treffen konnte wie drinnen in der Disco. Hier eröffneten wir dann den internationalen Frühschoppen und so kamen wir langsam wieder auf unseren gewohnten Pegel zurück; es kam also – wie ich immer zu sagen pflege - wieder Farbe ins Bild.

Zwei Nächte später lag ich, ganz in schwarz gekleidet, mit meiner Machete auf der Lauer. Der Killer kam tatsächlich. Geduckt schlich er sich an mein Appartement heran. Als er anderthalb Meter von mir entfernt war, stand ich blitzschnell auf und holte mit dem Messer aus.

Seine Augen wurden so groß wie weiße Untertassen, dann rannte er in Panik mit seinen bloßen Füßen über den Stacheldrahtzaun davon. Er hatte begriffen, jetzt ging's ans Leben und zwar an seins! Ich glaube, der ist die ganze Nacht durchgerannt. Seitdem wurde er nie mehr gesehen.

Zwei Tage später traf ich den Polizeikommandanten, als ich gerade aus der Telephonstation herauskam. Er nahm mich zur Seite und bot mir eine 38er zum Kauf an, mit der Lizenz zu töten als Draufgabe. *„Die meisten Gringos wollen so was."* meinte er.

„Tausend Dollars, dann bist Du dabei, Pedro!"

Das war in der Tat günstig; normalerweise kostet eine Waffe mit Schein das zwei bis dreifache dieser Summe.

„Capitan!" erwiderte ich lächelnd: *„Schau mal! Ich habe hier keine Angst. Mir tut doch niemand was. Wir spielen Domino, teilen uns den Rum und die Weiber und ansonsten fühle ich mich gut und sicher hier. Schließlich ist das hier ja nicht Düsseldorf Hauptbahnhof!"*

Den Kopf leicht gesenkt stand er da, den Mund geöffnet und mit ungläubigem Gesichtsausdruck. Ich klopfte ihm auf die Schulter und grinste ihn voll an:

„Und sollte ich jemals das Gefühl bekommen, daß ich eine Waffe benötige, weißt Du, was ich dann machen werde, Capitan? – Dann gehe ich woanders hin!"

Eine Woche später saß ich im Flieger nach Europa und als ich nach ein paar Monaten wieder in Las Terrenas auftauchte, war die ganze Geschichte vergessen.

Ach ja – den Auftraggeber ließ ich währenddessen von Interpol abholen, denn der stand in Deutschland auf der Liste!

Reifen - Uwe

Während ich diese Zeilen schreibe, sitzt Uwe im Flieger nach Düsseldorf. In den vergangenen acht Jahren hat er hier wohl mehr erlebt als alle seine Vorfahren der letzten zwanzig Generationen zusammengenommen! *„Wir werden alle Millionäre!"* In Siegerpose stand er damals mitten auf der Hauptstraße, mit ausgestreckten Armen und hatte beide Daumen hinaufgestreckt. *„Ich hab dreißigtausend Meter Land gekauft. Wenn der Flughafen in Samana fertig wird, ist es locker das fünf- bis zehnfache wert!"*

Er kaufte ein Haus nicht weit von mir, heiratete eine Dominikanerin und sprühte vor Geschäftsideen. Er hatte im fernen Deutschland mit Autos gehandelt und so nahm es nicht wunder, daß er seine Geschäftsverbindungen nutzte und die erste Idee realisierte.

„Gebrauchte Autoreifen bekomme ich umsonst. Die Leute in der Heimat müssen noch bezahlen, wenn sie ihre alten Gummis loswerden wollen! Die kommen in den großen Container und dann werde ich die hier mit Gewinn verkaufen!"

Das klang zwar gut, doch gehen die Milchmädchenrechnungen in diesem Land in den allermeisten Fällen aus unerklärlichen Gründen nicht auf.

„Das Reifengeschäft existiert bereits, Uwe. Die kommen allerdings aus Amerika und das liegt um ein paar Kilometer näher als Europa." gab ich noch zu bedenken, doch er war inzwischen von seiner Idee restlos überzeugt. *„Die amerikanischen Reifen haben doch lange nicht die Qualität wie die europäischen!"*

Doch wenn Dominikaner gebrauchte Reifen kaufen, ist ihnen die Qualität vollkommen egal, hier entscheidet nur der Preis. Dennoch lief der Verkauf im Anfang recht gut; erst als Uwe ins große Geschäft einsteigen wollte und die Einzelhändler belieferte, wurde es eng. Das Geld wurde knapp, die Leute verkauften zwar, zahlten aber nicht.

Mit den Worten: *„Ich habe gestern einer von diesen Ratten die Pistole an den Schädel gehalten und ihn aufgefordert, seinen ungedeckten Scheck zu fressen!"* lüftete er eines Tages das Geheimnis seines Erfolges.

Reifen-Uwe, wie er ab jetzt von allen genannt wurde, hatte einen geradezu perversen Zugang zum Humor. Seine Witze waren von der Art, die bei jenen Leuten, die ihn nicht näher kannten, mit absoluter Sicherheit Abscheu und Entsetzen auslösten. Wir saßen eines Abends beim Cafe Rosy und schauten auf die Straße, als sich ein Weib an uns vorbeibewegte, dessen Oberweite jenseits von allem Vorstellbarem lag. *„Schau Dir doch nur einmal diese Titten an, Uwe!"* machte ich ihn auf dies hier gar nicht so seltene Phänomen aufmerksam. Er sah kurz hin, schluckte einmal und meinte dann grinsend:
„Da hätte der Adolf Postsäcke draus gemacht!"

Ein anderes Mal - wir saßen wieder beim Cafe Rosy und schauten auf die Straße - kam Meton, ein Knabe von vielleicht acht oder neun Jahren vorbei und versuchte, uns anzuschnorren. Trotz seiner kindhaften Figur hatte er das Gesicht eines Erwachsenen, der schon alles durchgemacht hatte. Er ging nicht zur Schule, sondern stieg in fremde Häuser ein und stahl, was er kriegen konnte. Von professionellen Dieben wurde er oft und gerne in Anspruch genommen, denn man konnte ihn fast durch jedes noch so kleine Fenster schieben. Natürlich hatte der Knabe mit seiner Bettelei bei uns keine Chance, dennoch machte er einen letzten Versuch:
„Dame un cigarillo!" – *„Gib mir eine Zigarette!"*
Und Uwe holte seine Packung heraus und gab ihm eine. In genau diesem Moment kam ein Touristenpärchen des Wegs. Sie blieben entrüstet stehen und der Mann empörte sich:
„Wie können Sie denn dem Kind eine Zigarette geben?! Das ist ja unerhört!"
Uwe lächelte ihn an und meinte: *„Wir müssen schauen, daß wir ihn unter die Erde bringen, bevor er sich vermehren kann!"*
Damit war wohl alles gesagt und das Pärchen zog weiter.

Auch ich wurde von seinen Derbheiten nicht verschont. Als er bemerkte, daß Mercedes schwanger war, schlug er mir auf die Schulter, gratulierte mir und meinte:

„Das ist das Missing Link, Pedro! Damit machen wir unsere erste Million! Das verkaufen wir an den Zoo in Wuppertal!"

Man mußte ihn, wie gesagt, schon wirklich gut kennen, um darauf gelassen zu reagieren.

Im nächsten Container wurde seine zweite Geschäftsidee geliefert: Ein Fiberglasboot und vier oder fünf Schlauchboote, alle mit Außenbordmotoren. Da noch Platz übrig war, hatte Uwe noch ein großes Thermofenster dazu gelegt, welches er zu Hause nicht mehr brauchte.

Die Idee, Bootstouren zu veranstalten, war in der Tat nicht übel und Uwe hatte diesmal wieder so richtig investiert, doch müssen diese Boote und ihre Motoren regelmäßig gewartet und überholt werden und genau hier lag der Hund begraben. Seine beiden Mecanicos hießen Popo und Popito und obwohl sie nicht miteinander verwandt waren, hatten sie doch eines gemeinsam: Beide hatten nämlich keine Ahnung vom Schrauben und so kam es wie es kommen mußte.

Eines Tages hatte Uwe ein Touristenpärchen mit ihrem Sohn überreden können, eine Tour zur Playa Jackson zu machen. Mit meinem Jeep fuhren wir zum Strand. Uwe ging voran, bestieg das Fiberglasboot und zog an der Starterschnur. Nach zwanzig Minuten vergeblichen Bemühens gab er schließlich auf und wollte eines seiner Schlauchboote klarmachen.

Der Touristenpapi spielte aber nicht mehr mit:

„Ich habe eine achttausend D-Mark teure Kamera dabei und damit steige ich nicht in das kleinere Schlauchboot. Dann machen wir lieber ein anderes Mal den Ausflug."

Also beauftragte Uwe seinen Popito mit der Reparatur des Bootes und wir fuhren dann ohne Touristen zur Playa Jackson. Als wir am Nachmittag wieder zurückkehrten, war das Fiberglasboot nicht mehr da.

„Siehst Du Pedro! Der Bursche hat es zum Laufen gebracht und schippert damit jetzt irgendwo herum."

Was er zu diesem Zeitpunkt nicht wissen konnte: Das Boot lag auf dem Meeresgrund! Und um es wieder herauszuziehen, war Popito mit Uwes Renault ins Wasser gefahren und damit war das Automatikgetriebe für alle Zeiten hin. Der Bursche hatte es also tatsächlich geschafft, das Boot und das Auto an einem einzigen Vormittag zu verschrotten!

Ein anderes Touristenpärchen hatte einst bei Uwe eine Bootsfahrt mit Hochseefischen gebucht. Mit dem Schlauchboot (!) fuhren wir etwa sieben Kilometer weit hinaus. Die Wellen gingen bis zu sechs Meter hoch. Der Mann wurde sehr schweigsam und seine Frau saß mit geschlossenen Augen und dem Rücken zum Bug, fingerte pausenlos an ihrem Rosenkranz herum und hatte sich vermutlich schon aufgegeben. Uwe hingegen gab den Ärmsten zwei dünne Nylonschnüre in die Hände und dermaßen ausgerüstet, sollten sie auf den weißen Hai warten. Der Tourist meinte daraufhin, sie möchten lieber wieder an Land, sie hätten sich offensichtlich überschätzt.

Als die gute Frau endlich wieder festen Boden unter den Füßen hatte, fiel sie auf die Knie, küßte wie der Papst den Sand, hob beide Hände himmelwärts und murmelte: *„Nie wieder Urlaub!"* Drei Stunden später war sie noch immer nicht in der Lage, sich eine Zigarette anzustecken, so sehr zitterten ihre Hände!

Neben diesen aufreibenden Geschäften betrieb Uwe außerdem noch eine Diskothek an der Hauptstraße von Las Terrenas. Er investierte eine neue Musikanlage, holte sich einen dominikanischen Disk Jockey und los ging's.
„Irgendwas stimmt nicht mit dem Sound, Uwe. Man versteht ja kaum die gesungenen Texte. Zeig mir doch mal die Anlage!"
Im Disk - Raum stellte ich dann fest, daß die beiden Equalizer, das sind die Tonhöhenregler, mich anlächelten, das heißt, links und rechts waren sie oben und in der Mitte unten.
„Das kann ja wohl nicht wahr sein, Uwe. Dein Jockey ist ein Schöngeist!"

Über eine Stunde habe ich gebraucht, bis die Tonqualität wieder halbwegs stimmte, doch als ich am Abend in die Disco schaute, lächelten mich die Regler wieder an wie früher!

„Komm mit, Pedro! Wir müssen neue Huren einkaufen! Wo gibt es denn eigentlich die meisten?"
„Vergiß es, Uwe! Schau zu, daß viele Gringos in Deiner Disco sind, dann kommen die Weiber von selbst!"
„Das Dorf braucht andere Gesichter, Pedro. Laß uns endlich neue Huren suchen!"
Also machten wir uns auf den Weg nach Sosua. Dort im Marinero war damals die Hölle los: Auf jeden Touristen kamen im Schnitt sieben Mädchen. Der Kampf um das nächtliche Kleingeld war gnadenlos. Uwe lud die ganze Nacht ein Mädchen nach dem andern auf einen Cuba Libre ein, führte mit ihnen seine Verhandlungen und grinste dann zufrieden:
„Morgen erwarte ich circa zweihundert Huren zum Frühstück!"
Doch der einzige Gast an seinem Frühstückstisch am nächsten Morgen war ich.
„Was erwartest Du Dir, Uwe? Die machen ihr Geld hier! Für die ist Las Terrenas das tiefste Campo! Da haben sie recht, denn wir leben ja auch hinter den Bergen. Die kommen nur zu uns, wenn sie hier in der Nacht keine zwanzig Pesos mehr machen!"
Als er das begriffen hatte, holte er dann tatsächlich zwei neue Mädchen. Die kamen allerdings aus El Factor, einem kleinen Provinznest an der Straße von Nagua nach San Francisco de Macoris, einem Ort ohne Touristen.
In der Folge gab es an einigen Abenden auch Live - Musik und dann war seine Disco immer rammelvoll. Uwe wußte genau, daß er damit die italienische Mafia herausforderte, denn die wollten schon immer das Nachtleben von Las Terrenas kontrollieren.
Es gab auch prompt bestellte Raufereien und es ging so richtig rund damals.
„An den Haaren habe ich diese italienische Zangengeburt aus meiner Disco gezogen!" schäumte er eines Tages *„und wenn die mich ärgern, lasse ich meine Russen einfliegen!"*

Alles in allem also interessante Zukunftsperspektiven für Las Terrenas, dachte ich damals noch, doch wie das halt so ist: Seine Russen blieben in Rußland, die Mädchen und die Gäste wechselten ins Nuevo Mundo und heute werden von Dominikanern in seiner ehemaligen Disco nur mehr billige Matratzen und Wäsche verkauft.

Als nächstes legte er sich einen gebrauchten Pick Up zu und fuhr zweimal in der Woche damit nach Constanza, um dort günstig Gemüse, Kartoffeln und ähnliches einzukaufen. In Las Terrenas belieferte er dann einige Hotels und Restaurants und so mutierte er schließlich vom Reifen- zum Zwiebel-Uwe! Pausenlos suchte er nach irgendwelchen Partnern, doch die wurden immer seltener. An deren Stelle traten hingegen immer mehr Konkurrenten auf den Plan und ruinierten die Preise, denn einige fuhren schon mit Kühl-Lkws durch die Gegend. Irgendwann baute er dann neben seinem Haus noch ein paar Cabañas, die er hin und wieder an Touristen vermieten konnte und zog sich langsam ins Privatleben zurück.

Er versuchte sogar noch, mit Dominikanern eine Advokatenkanzlei aufzuziehen, doch das scheiterte ebenfalls kläglich. Zuletzt übernahm er aushilfsweise ein vietnamesisches Restaurant, ärgerte sich in der Folge so lange über seine Köchin bis er sie feuerte, schloß den Laden wieder und läßt sich jetzt seine Nierensteine entfernen.

Ob er jemals wiederkommen wird, wissen wir nicht, doch wenn jemand so lange hier gelebt hat, findet er normalerweise nicht mehr in das geordnete und von der Arbeit geregelte Leben in Europa zurück. Mittlerweile ist der Flughafen in Samana fertiggestellt, wird aber aus technischen Gründen - so heißt es wenigstens von offizieller Seite - von den großen Maschinen nicht angeflogen und Uwe sucht bis heute jemanden, der ihm seine dreißigtausend Meter Land und sein Haus abkauft, doch es findet sich niemand.
Übrigens ließ er das Thermofenster noch in seine Terrasse einbauen. Es waren Dominikaner und die bauten es so, daß es vom Garten aus zu öffnen ist, was natürlich den kommenden Einbrechergenerationen zum Vorteil gereicht!

Die dominikanische Leichtigkeit des Seins.

Bernd, mit dem ich damals noch so manches Fläschchen teilte, meinte eines schönen Tages, ich solle doch die Stories über die abgewrackten Gringos endlich einmal unterbrechen und etwas über dieses Land und seine dominikanischen Bewohner schreiben. Dabei hat er zwar übersehen, daß alle Geschichten, welche die Kollegen hier erleben, natürlich im Grunde dominikanische Geschichten sind, denn die kann man eben nur hier erleben, doch werde ich heute seinem Wunsche entsprechen und ein wenig von dem berichten, was dem Normaltouristen verborgen bleibt.

Was macht dieses Land denn aus Sicht des Urlaubers so interessant, daß er die lange Anreise von neun bis zehn Stunden in Kauf nimmt? Da wären zunächst einmal die strahlende Sonne am blauen Himmel, der weiße Sand und das türkisfarbene Meer anzuführen, doch besteht diese Insel ja nicht nur aus Stränden. Wir haben alle Klimazonen bis auf das ewige Eis, aber das geht uns auch nicht ab.

In Constanza oder Jarabacoa zum Beispiel ist es im Winter ausgesprochen kalt und es kann sogar vorkommen, daß einige Flußufer vereisen. Hierher werden dann zur Weihnachtszeit die auffällig gewordenen Polizisten strafversetzt, um sie ein wenig abzukühlen! In diesem Teil der Kordilleren wachsen nicht nur Kartoffeln, Zwiebeln und Gemüse, es werden sogar Äpfel, Erdbeeren und Pfirsiche geerntet!

Weiter im Norden, in Monte Christi, gibt es die niederschlagsärmste Gegend der Insel. Hier wachsen übermannshohe Kakteen und es fehlen die Palmen an den Stränden. Dafür wiederum gibt es ausgedehnte Plantagen, auf denen Sabila angebaut wird, eine Lilienart, die bei uns besser unter dem Namen Aloe Vera bekannt ist. Hier ist die ideale Kulisse für Westernfilme, in denen der Wind den braunen Staub in die von der Sonne gegerbten Verbrechervisagen peitscht.

Wir hingegen, auf der Halbinsel Samana, haben den meisten Regen. Bei uns wachsen Kakao, Kaffee, Orangen, Bananen, Mangos und Grapefruits. Hier gibt es Millionen von Kokospalmen und ihre Nüsse werden auch geerntet und verarbeitet.

Neben dem Rio Yuna liegen ausgedehnte Reisfelder, die mittlerweile dreimal im Jahr geerntet werden können. Zuckerrohr wiederum gibt es um Puerto Plata und im Südosten des Landes. Das Cibao - Tal gilt als die ertragsreichste Gegend der Insel überhaupt. Hier befinden sich die größten Plantagen, es wird so ziemlich alles angebaut, von Mani, den Erdnüssen über Mais bis hin zum Tabak. Als Folge der politischen Veränderungen in Kuba und des Handelsembargos der Vereinigten Staaten hat nicht nur Bacardi seine Rumproduktion von Santiago de Cuba nach Puerto Rico verlegt, es werden mittlerweile auch die weltberühmten kubanischen Zigarren nicht mehr in Kuba, sondern hier in Santiago de los Caballeros gedreht. Man sieht also, auf unserer Insel wächst (fast) alles, nur eben nicht alles überall!

Die dominikanische Republik ist also ein riesiger Bio-Laden und das ist auch der Grund, daß hier niemand hungern muß. Im Nachbarland Haiti hingegen raufen in Port au Prince die Kinder mit den Schweinen ums Essen, so sehr wurde dieses Land ausgebeutet!

Doch obwohl es bei uns alles gibt, sind die Sachen in den Läden unverhältnismäßig teuer und das, obwohl kaum jemand Steuern bezahlt. Wenn ich europäischen Standard halten will, brauche ich rund eintausend Dollars pro Monat. Die Untergrenze für Appartements oder Bungalows liegt bei zwanzig Dollars, einen Jeep zu mieten kommt gar auf fünfzig Dollars am Tag!

Dennoch sind die Menschen hier ausgesprochen friedlich und im Allgemeinen auch gut drauf. Sie lieben das intensive Leben und in keinem anderen Land der Welt habe ich soviel gelacht wie hier.

Doch kann man das auch ganz anders sehen. Die von uns so oft bewunderte Leichtigkeit des Seins ist im Grunde nämlich nichts weiter wie Ausdruck totaler Verantwortungslosigkeit! Hier bekommen die Kinder schon Kinder. Dominikaner gehen mit ihren Frauen genau so um wie mit ihrem Müll: Wenn man sie nicht mehr braucht, landen sie auf der Straße! Die Reaktion der Frauen ist entsprechend: Sie suchen keinen Mann, sondern das Geld des Mannes und um daran zu kommen, ist ihnen jedes Mittel recht. Beziehungen, wie wir sie aus

Europa kennen, haben hier keinen Platz, dennoch macht es den Mädchen einen Riesenspaß, mit genau diesen Gefühlen zu spielen und speziell die Gringos fallen pausenlos darauf herein.

Wir haben alle die Ausnahmen - glauben wir!
„Meine ist aber eine Seriöse, die macht so was nicht!"
Wie oft habe ich das schon gehört und dann eines Tages ist er der Betrogene und Gelinkte! Seriös ist hier ein Schimpfwort! Ich lebe mit meiner Dominikanerin jetzt über sieben Jahre zusammen, wir haben sogar eine gemeinsame Tochter, doch meinen Koffer mit den drei Schlössern muß ich zusperren. Daran würde sich in den nächsten zweihundert Jahren auch nichts ändern, denn es gibt keinen Mann auf der Welt, der soviel Geld heranschaffen kann wie eine Dominikanerin braucht!

Woher kommt denn nun eigentlich diese Verantwortungslosigkeit? Es gibt eine Studie, die besagt, daß die Vorfahren dieser Menschen hier einmal Sklaven waren und die Sklaven hatten ihre Freiheit unter dem Joch: Für alles was sie taten waren ja nicht sie, sondern der Patron verantwortlich! Sie haben Kinder gezeugt, ohne sich auch nur im Geringsten darum kümmern zu müssen, was aus ihnen wird. Sie haben das getan, was man ihnen anschaffte ohne jemals darüber nachzudenken, ob man es nicht besser oder schneller oder überhaupt ganz anders machen kann.

Aus dieser fatalistischen Grundeinstellung wuchs dann die Provokation: dem Patron den Stinkefinger zu zeigen wo immer es ging wurde zur Passion und was der Patron von einst ist der Gringo jetzt!

Nehmen wir zum Beispiel irgendein technisches Gerät. Der erste dominikanische Gedanke geht so: Wie kann ich das möglichst schnell kaputt machen?! Die Pick Ups und die Lkws beispielsweise sind ausnahmslos alle überladen. Da sitzen zwanzig Menschen hinten drauf, die hintere Stoßstange - so es sie überhaupt gibt - schabt schon über den Asphalt, die Scheinwerfer - so es sie überhaupt gibt - strahlen in die Wipfel der Bäume. Eine ganze Bibelgemeinde habe ich so schon über die Berge fahren sehen und sie haben noch gesungen dabei.

Wenn ein Dominikaner sich ein neues Motorrad kauft, wird zuerst die Tachometerwelle entfernt, dann wird der Vergaser so verstellt, daß es möglichst viel qualmt und stinkt. Wer braucht schon einen Auspuff? Das sind unnötige PS, also weg damit, tunlichst in der Nacht, versteht sich und wenn der Fahrer einen Bekannten trifft, mit dem er sich unterhält, bleibt der Motor eingeschaltet! Da schreien sie sich lieber an.

Elektrische Glühbirnen sind immer an, auch den ganzen Tag! Radios sind ebenfalls immer an und immer laut! Es geht ihnen dabei gar nicht um Musik, es geht um den Lärm! Die Ventilatoren laufen selbst dann noch, wenn die ganze Familie wochenlang Urlaub macht!

Als eines Tages in Las Terrenas die ersten Stromrechnungen verteilt wurden, war die Hölle los! Die Straßen haben gebrannt! Die wollten doch tatsächlich einen der Direktoren der Stromgesellschaft in seinem eigenen Auto verbrennen! Der konnte sich jedoch im letzten Moment wild um sich schießend ins nächste Hotel retten. Erst die Spezialeinheiten, die aus San Francisco de Macoris eingeflogen wurden, stellten mit ihren Schnürstiefeln und den M 16 den dörflichen Frieden wieder her. Seitdem haben wir hier unterschiedliche Strompreise: Die Gringos zahlen 4 Pesos und die Bimbos 2,40,- für die Kilowattstunde. (Für das E-Werk bin ich übrigens ein Bimbo!)

Die dominikanische Erklärung für die ganze Aufregung ist denkbar einfach: Mein Onkel in Santo Domingo hat auch Strom - hin und wieder zumindest, der bezahlt doch nichts dafür! Meine Tante in Santiago zahlt doch auch nichts für elektrische Energie. Sie leben nach dem Motto: Strom kommt sowieso ins Haus - nutz das aus! Da gibt es den ehrenwerten Beruf des Strippenanwerfers: Der nimmt ein Kabel, setzt es einen guten Meter ab, befestigt einen Stein an das Ende und dann nimmt er Maß. Das Kabel fliegt hoch, der Stein wickelt das blanke Ende um die Stelle der Freileitung am Mast und der Kunde leuchtet auf. Die nächste Sicherung liegt allerdings neben dem Transformator und hat so um die achthundert Ampere! Es gibt sogar Hotels, die auf diese Weise ihre Energie beziehen!

Provokant ist auch ihre Fahrweise. Einige Machos jackeln nur auf ihrem Hinterreifen über die Hauptstraße. Ein Pick Up stand gestern mitten auf der Straße. Ein Mann am Straßenrand teilte mir unaufgefordert mit, daß der Fahrer sich zur Ruhe begeben hätte! Ein anderer Pick Up raste über die Hauptstraße. Hinten drauf saß aufrecht ein riesiges Hausschwein und blickte nach vorn in den Fahrtwind! Der Schwanz hing hinten runter und ich war nüchtern, als ich das sah!

Ich fahre von Rincon Molenillo nach La Majagua. Die Straße geht viele Kilometer schnurgeradeaus. Hinter mir fährt ein Dominikaner, stets im gleichen Abstand. Das geht gut zehn Minuten so, dann kommt mir ein Mack Lkw entgegen und genau jetzt, wo wir auf gleicher Höhe sind, muß der Trottel hinter mir überholen! Nicht früher und nicht später, nein - genau jetzt, wo wir zu dritt nebeneinander sind! Wenn sie pinkeln müssen, bleiben sie immer in der Kurve stehen, sonst wäre es ihnen vermutlich zu langweilig.

Ich erstehe von einem Straßenhändler ein Messer. Es ist ein gutes, eines für Köche, nicht aus Blech, sondern aus Stahl. Dieses Messer schenke ich meiner Mercedes und ersuche sie, es schonend zu behandeln und nicht damit die Dosen aufzumachen, wie es alle hier tun. Am nächsten Tag kommt die Stromgesellschaft und schließt den Zähler an. Ich war nicht da, doch Joel von nebenan schon. Der sieht: Es kommt Strom ins Haus und noch bevor ich angeschlossen war, hatte er schon von irgendwo ein paar Strippen aufgetrieben, sie zusammengewuzzelt und mit Nägeln zu meinem Zähler geklopft. Hier waren sie jetzt ein wenig zu lang und so beschloß er, sie zu kürzen, aber womit? Sie haben richtig geraten: Mit dem neuen Messer natürlich, was denn sonst?! Und da dummerweise schon Strom drauf war und die nächste Sicherung...(siehe oben!), hatte das Messer nun zwei nebeneinander liegende Löcher in der Schneide, ähnlich wie das Mac Donald - Logo.

„So ein Messer geht bei uns durch drei Generationen - Du hast nur einen Tag gebraucht! Wie lange brauchst Du dann für den Fernseher? Zehn Minuten? Ich kaufe nur was mehr zum Essen, zum Trinken und Häuselpapier!"

Ein mir bekannter Baumeister in Sosua beschließt eines Tages, seine Holzfenster neu streichen zu lassen. Er kaufte Bootslack, also etwas besonders Gutes und Teures! Als er mit mir aus Las Terrenas zurück kam, ist der gute Mann fast ausgerastet: Der dominikanische Anstreicher hatte vergessen, vorher umzurühren. Er hatte nur die helle Ölflüssigkeit verstrichen, die eigentliche Farbe war noch in den Töpfen geblieben und dummerweise jetzt zu hart!

Das sind die Dinge, mit denen wir hier leben müssen und nach einiger Zeit regt man sich nicht mehr drüber auf. Es hat eben alles seinen Preis und die so viel verschmähte Korruption gibt es schließlich überall auf der Welt, genau so wie die Prostitution.

Was in diesem Land heute passiert, ist die Einführung der Zivilisation mit brutalsten Mitteln. Die wahren Besitzer der Insel sind auch keine Dominikaner, die wahren Besitzer heißen: Esso, Texaco, Coca Cola und Marlboro und selbst am Presidente Bier ist Philip Morris mit 51 % dabei!

Die Geschichte ist im Grunde immer die gleiche: Diese Menschen haben von der Erde und vom Meer gelebt, sie waren und sind es heute noch zum Teil, Campesinos und Pescadores (Bauern und Fischer). Sie haben ihre Sachen untereinander getauscht und eigentlich kein Geld gebraucht. Sie unterstützten sich gegenseitig und respektierten fremden Besitz. Dann kam der erste Gringo ins Land und der lebte anders. Dann kommt eines Tages die Frau zum Bauern und sagt: *„Bin ich denn blöd? Ich wasche meine Wäsche jeden Tag da unten im Fluß. Der Gringo hat eine Maschine dafür und während die wäscht, kann der fernsehen und sich die Telenovelas aus Amerika ansehen. Das möchte ich auch haben!"* Dann kommt der Sohn und will ein Motorrad, dann kommt das Fräulein Tochter und will ein Handy und und und!

Aber diese Dinge kosten Geld und das haben sie nicht. Also verkaufen sie das einzige, was sie haben: Ihr Land! Für ein schönes Leben für ein paar Monate, dann ist der Kaufrausch durch. In weiterer Folge werden sie lohnabhängig und die ideellen Werte werden ihnen erst bewußt, wenn sie verloren gegangen sind. (Die Kollegen aus dem Osten können das noch am ehesten nachvollziehen, nicht wahr?) Irgendwann landen sie schließlich in den Elendsvierteln der großen Städte und hier haben sie nicht einmal mehr halbwegs sauberes Wasser.

„Ich war kein Rassist, aber hier bin ich einer geworden! Ich kann diese Ratten einfach nicht mehr sehen, so geht mir die ewige Abzockerei auf den Geist!" beschwerte sich einst ein Schweizer Resident aus Sosua. Ich habe ihm ein Bier spendiert und folgendes geantwortet:

Die ersten Gringos, die nach Las Terrenas kamen, waren Franzosen. Das ist jetzt rund zwanzig Jahre her und ich treffe einen Mann der ersten Stunde. Der erzählte mir, daß damals ein Freund aus Paris ihn besucht hätte. Erst vier Tage bis Sanchez, dann vier Stunden über den Berg. Die Straße gab es damals noch nicht. Die zwei begrüßten sich überschwenglich und dann wurde in einer dominikanischen Kneipe ordentlich getrunken. Am nächsten Tag kam dann der Dominikaner, legte die wertvolle Kamera auf den Tisch und meinte: *„Das hat Dein Freund gestern bei mir liegengelassen!"* Und wenn das heute nicht mehr so ist, dann ist das unser aller Schuld!

Es gibt ja immer auch noch ein paar naturbelassene Dominikaner. Letzte Woche traf ich wieder einen. Ich saß auf dem Concho und wir fuhren zu meinem Haus. Die Straße ist jedoch in einem trostlosen Zustand, es hatte drei Wochen lang fast pausenlos geregnet und wir mußten riesige knietiefe Wasserlöcher durchqueren und auf der nassen Caliche rutscht man wie auf Schmierseife.
Die Leute haben sich schon bei ihrem Bürgermeister beschwert, doch der hatte nur geantwortet: *„Yo no vivo ayar!"* – *„Dort lebe ich nicht!"*
Also rede ich mit dem Conchofahrer über die Unfähigkeit dieses Bürgermeisters und die weltweit allesamt korrupten Politiker aller Schattierungen. Dann mache ich eine Pause, hole tief Luft und meinte dann:
„Aber ich bin ja nur der Ausländer hier und habe daher kein Recht, über Deinen Präsidenten zu schimpfen!"

Da legte der Dominikaner aber so richtig los: *„Du hast viel mehr das Recht, auf meinen Präsidenten sauer zu sein als ich, denn Du hast schließlich zehn Dollar Eintritt bezahlt!"*

Auf ein weiteres schönes neues Jahr im Paradies!

Mein Kampf

Auf vielfachen Wunsch möchte ich die Geschichte über dieses Land und seine dominikanischen Bewohner noch um ein paar Facetten ergänzen und heute über jene Dinge berichten, die ich selbst unmittelbar erleben durfte. Kommen wir also zunächst noch einmal auf die Straße zu sprechen, an der zu leben ich mich entschieden hatte und die von Las Terrenas über la Ceiba zur Playa Bonita bzw. weiter nach Coson führt.

Im Sommer, also wenn es nicht regnet, staubt es den ganzen Tag. Pausenlos kommen Lkws vorbei, die Caliche (Korallengestein, welches zum Strassenbau verwendet wird) geladen haben. Die Fahrer stehen im Akkord, denn die Franzosen an der Playa Bonita wollten einen riesigen Sumpf trockenlegen, um ihn dann als Grundstücke teuer zu verhökern. sie hatten sage und schreibe vierzigtausend (!) Lkws mit dem roten Abraum bestellt. Sie zahlten dafür zweihundert Pesos pro Fuhre und da kann man sich vorstellen, wie die dominikanischen Fuhrunternehmer reagieren.

Sie brettern ohne Rücksicht auf die Anwohner über die Straße und überholen sich sogar gegenseitig, um als erste am Ziel zu sein. Es gab tatsächlich schon Tote und Verletzte, doch fand sich niemand, der diesem Wahnsinn ein Ende setzte, denn wo immer ein müder Peso gemacht werden kann, passiert das auch.

Seit dem erstem Januar dieses Jahres gilt in allen französischen Besitzungen die neue europäische Finanzgesetzgebung. Nicht deklarierte Gelder (um es einmal charmant auszudrücken) mussten also dort abgezogen und woanders hingeschickt werden. Da in der Dominikanischen Republik jeder willkommen ist, der Geld mitbringt, landet nun das ganze Schwarzgeld bei uns.

In der Regenzeit, die sich von ursprünglich Mai und Juni auf Oktober, November und Dezember verlagert hat, verwandelt sich die Straße vor meinem Haus in einen roten Sumpf, den zu durchqueren kaum noch möglich ist. Hin und wieder balancieren jedoch einzelne

Fußgänger an den Rändern vorbei und werden von den rücksichtslosen Autofahrern regelmäßig angespritzt.

Als Folge all dieser Unzumutbarkeiten wandten sich die Leute an ihren Sindico, den Bürgermeister, der ihnen erklärte, daß er dort nicht wohne und daher keine Veranlassung hätte, dort irgend etwas zu unternehmen. Danach baten sie mich (!), doch einmal mit ihrem Sindico zu reden, denn ich kenne ihn natürlich auch.

Also werde ich einen Tag später bei dem Mann vorstellig.
„Warum machst Du denn die Straße nicht, Milo? Man kann dort ja wirklich nicht mehr gehen. Diese Leute haben Dich schließlich gewählt!"
Er bat mich daraufhin doch bitte Platz zu nehmen und lehnte sich sichtlich zufrieden zurück. Dann erklärte er mir folgendes:
„Pedro! Du weißt doch, daß jeden Tag drei bis vier Autobusse da durchfahren, um Touristen an die Playa Bonita zu bringen und jeder Bus hat 32 bis 34 Sitzplätze. Don Louis, der Besitzer des Hotels Punta Bonita bekommt 30 Dollars pro Nase, das heißt, er macht dreitausend Dollars jeden Tag! Ich warte doch nur darauf, daß der erste Bus stecken bleibt und nicht ankommt. Wer wird dann wohl die Straße machen, Pedro?"
Er war inzwischen aufgestanden, hatte sich vor mir aufgestellt und klopfte mir überlegen lächelnd auf die Schulter. Ich lächelte zurück und wünschte ihm noch einen schönen Tag. Wieder einmal hatte ich dazu gelernt.

Zwei Tage später besuchte ich Don Louis und erzählte ihm diese Geschichte. Der alte Fuchs hob die Augenbrauen und meinte:
„Er hätte ja recht Pedro, wenn ich keine Steuern zahlen würde. Aber ich zahle Steuern und gar nicht zu knapp! Es ist daher schon seine Sache, für die Straße zu sorgen."
Ich kratzte mich verlegen grinsend hinter dem rechten Ohr und erwiderte:
„Hör zu, Don Louis! Ich kenne jetzt seine und Deine Version und wenn ich ehrlich sein soll, gefällt mir seine besser!"

Vor zwei Jahren hatte ich durch eine göttliche Fügung zehntausend Dollars in der Hand oder genauer gesagt in meinem berühmten Koffer mit den drei Schlössern. Mit diesem Betrag baute ich dann das Haus an der besagten staubigen Straße.

Für das Grundstück habe ich nichts bezahlt, immerhin etwas, das wohl kaum ein Gringo hier von sich behaupten kann und das kam so:

„Papolo, ven aqua! (Komm her!) Ich muß mit Dir reden!"

Papolo ist der Vater meiner mich liebenden Mercedes und zwei Jahre älter als ich.

„Hör zu, Papolo! Ich baue jetzt hier ein Haus. Das baue ich nicht für mich, sondern für meine kleine Tochter und wenn ich schon das Haus baue, wirst Du mir den Grund schenken."

Mit offenem Mund starrte er mich an.

„Ja!" fuhr ich nun fort *„Du wirst mir den Grund schenken und weißt Du auch warum?!"*

Er schüttelte nur ungläubig mit dem Kopf. Ich ging auf ihn zu und lächelte ihn an.

„Weil Du eine von Deinen blöden Töchtern los geworden bist!"

Daraufhin verschwand er in seiner Hütte, kam kurz darauf wieder zurück und hatte einen Doppelliter Brugal mitgebracht. Dann setzten wir uns in zwei Plastikstühle und besiegelten den ungeschriebenen Vertrag bis die Flasche leer war. Danach fielen wir ins Bett - er in seines und ich in meines.

Eines Tages bemerkte ich, wie Mercedes meinen Koffer aufmachte, das Dollarpaket in die Hand nahm und zu zählen anfing. Ich stand draußen und schaute durch die Fensterlamellen zu. Sie nahm nichts weg und als sie endlich fertig war, legte sie es wieder ordentlich zurück und machte den Deckel zu. Lächelnd trat ich nun ins Zimmer und fragte: *„Nun Mercedita! Wieviel Dollars haben wir denn hier?"*
Sie fühlte sich ertappt, schlug ihre Augen nieder und sagte, brav wie ein Schulmädchen: *„Mucho!"*

Mit meinem dominikanischen Baumeister hatte ich ebenfalls Glück. Er hatte sich nämlich in die dicke Nona verliebt, eine Schwester von Mercedes und der wollte er natürlich zeigen, wie gut und sauber er arbeiten kann. Da ich mit Dominikanern lebe, hatte ich auch keine Delegationen von all diesen Institutionen zu befürchten, die jeden Anlaß benutzen, um die Hand aufzuhalten und abzuzocken. Ich habe also wirklich nur für Material und Lohn bezahlt.

„Ich fahre heute nach Sosua, Mercedes. Hier hast Du tausend Pesos, ich hab es leider nicht kleiner. Paß also gut drauf auf! Ich komme heute Abend wieder zurück."
In Sosua mußte ich wieder einmal kassieren und neue Bücher nachliefern. Als ich wieder zurückkam, war es schon dunkel. Ich trat ins Haus. Die Kinder sahen fern. Mercedes war nicht da. Also fragte ich den ältesten Buben:
„Y la Mama - donde esta?" (Wo ist die Mutter?)
Der Knabe schaute gar nicht weg. *„Pa´ Colmado, Pedro."*
Also war sie einkaufen, müßte daher bald auftauchen und dann gibt's was zu essen.
So dachte ich zumindest und zog meine Stiefeln aus. Nach einer Stunde fragte ich dann :
„Y que Colmado?" (Welchen Laden?)
Der Knabe schaute noch immer auf die Scheibe des Fernsehers. *"Yo no se – mas palla!"* (Weiß nicht - irgendwo weiter weg!)
Also zog ich meine Stiefel wieder an, setzte mich auf ein Concho - dummerweise hatte ich ihr auch noch die Schlüssel für den Jeep dagelassen - und suchte Las Terrenas nach meiner Braut ab. Tiefer kann ein Mann ja wohl nicht sinken!
Zu allem Überfluß fand ich sie nicht einmal.

Zu Hause wieder angekommen, hatte ich plötzlich eine Eingebung.
„Fahr noch die zweihundert Meter weiter, da wo Bony der Kolumbianer seine Kneipe hat!"
Und siehe: Da saß sie auf der Terrasse und plapperte mit den Gringos herum.
Also pflücke ich sie dort runter, stellte sie auf die Straße und meinte:
„Tu te vas a la casa! Ahora mismo!" (Du gehst sofort nach Hause!)
Da funkelten ihre Augen im Zorn.
„Frente la gente!" (Vor allen Leuten!) Das würde sie sich aber merken.
„Das sollst Du Dir auch merken!" entgegnete ich.

Zu Hause angekommen, ging es dann erst richtig zur Sache. Ich trommelte alle zusammen: die Brüdern und Schwestern, die Onkeln und Tanten, Papa und Mama und wer sonst noch alles anwesend war. Sie versammelten sich im Halbkreis auf dem Hof und hörten artig zu, was der Patron - der einzige, der hier was bewegt, bin natürlich ich - jetzt zu sagen hatte. Es folgte das schon bekannte

„Papolo, ven aqua!" und dann kam ich zur Sache. *„Du hast so viele Töchter, Papolo. Gib mir eine andere - die hier kannst Du zurück haben!"*

Dann drehte ich mich um, fuhr nach Las Terrenas und aß in einem Restaurant zu Abend. Währenddessen wurde meine Braut von ihrer eigenen Familie gewaschen und das ging etwa so:

„Da hat der Pedro aber recht. Er hat dir Geld gegeben und du hast ihm nichts zu essen gemacht. Du warst ja nicht einmal zu Hause! Wenn Du das mit einem Dominikaner machen würdest, der schlüge Dich tot! Wir erwarten, daß Du dich bei ihm entschuldigst und versprichst, Dich in Zukunft zu bessern!"

Und das tat sie dann auch. Man sieht also, man muß nicht alles selber machen, einige Dinge kann man auch machen lassen!

Alle drei Monate muß ich hier den rechten Winkel einführen. Dann fliegen die Fetzen und es wird wieder einmal so richtig aufgeräumt. Ich war letztes Jahr für zwei Monate im fernen Österreich und überwies ihr fünftausend Schilling (Ein Schilling ist gleich ein Peso). Dann ruft sie mich an und meinte, man hätte ihr das Geld gestohlen.

„Wie lange lebe ich denn schon auf Deiner Affeninsel, daß ich Dir dieses Märchen noch abkaufe?!"

Da wurde sie ganz klein und leise.

„Es war mein eigener Bruder, Pedro!"

Den kenne ich und der ist ja nun wirklich ein Schlitzohr.

Also laß ich noch mal fünftausend nachwachsen. Jetzt, wo sie wieder Geld hat, kriegt sie plötzlich Oberwasser und läßt ihren Bruder einsperren. Der kommt nach drei Tagen wieder raus und redet mit seinem Papi. Papolo wird jetzt böse, hält zu seinem Sohn und läßt nun seine eigene Tochter einsperren, was den nächsten Anruf zur Folge hatte.

„Pedro! Ich bin eingesperrt. Der Polizist steht neben mir. Schick mir Geld!"

„Wie viel möchtest Du denn?"

„Schick mir fünfzehn!"

Gemeint sind natürlich fünfzehntausend!

„Die bist Du doch gar nicht wert!"

Aber habe ich ja ein großes Herz und überweise noch einmal zehntausend. Wir stehen also mittlerweile schon bei zwanzig!!! Dann kam der nächste Anruf.

„Ich bin jetzt wieder draußen, Pedro."

Allerdings hätte der Anwalt alleine schon siebentausensiebenhundert gekostet und mit dem Rest käme sie natürlich nicht über die Runden! Man sieht also: Meine Braut ist so kostbar wie ein Lottozwölfer!

Ich kam nach den zwei Monaten wieder nach Las Terrenas zurück und mußte wieder einmal feststellen, daß die Zeit hier schneller vergeht, denn nichts war so wie früher. Der große Kühlschrank war kaputt. Die Ratten hatten die Gummidichtungen runtergenagt und die Kühlflüssigkeit war auch weg. In den Fernseher war der Blitz eingeschlagen, der war ebenfalls hin. Die Stühle waren allesamt zerschlagen, ihre Reste lagen hinter dem Jeep und die Kinder verwendeten unsere ehemaligen Stuhlbeine als Baseballschläger. Meine Matratze war auf einer Seite abgeflacht, so als hätte man irgendwo die Luft rausgelassen und selbst die Kinderbetten, die aus Eisen (!) sind, mußten sage und schreibe achtmal geschweißt werden!

Ihre beiden Buben gingen nicht mehr zur Schule, statt dessen war eine Freundin von ihr eingezogen und hatte es sich inzwischen so bequem gemacht, daß ich erst grob werden mußte, um sie wieder rauszubringen.

Doch immerhin - einen Lichtblick gab es: Im Wohnzimmer stand eine etwa fünfzehn Jahre alte Pasola! (Motorroller) Die war natürlich auf Kredit angeschafft worden und die liebe Mercedes erwartete mit absoluter Selbstverständlichkeit, daß ich die lächerlichen siebentausend Pesos nachschießen würde, die noch fehlten. Also machte ich die Türe auf und gab dem Roller einen kräftigen Schub. Die Pasola rollte über die Terrasse bis in die Mitte des kleinen Vorplatzes und fiel dann um. Neben mir wurde Mercedes plötzlich laut. Ich nahm sie beim Hals und sagte: *„Noch ein Wort, dann liegst Du neben Deiner Pasola! Morgen kommt die Müllabfuhr, ich zahle denen zwanzig Pesos und dann bin ich Euch beide los!"*

Kaum hatten sich die Wogen wieder geglättet, stand Papolo neben mir, legte seinen Arm um meine Schulter und sagte:
„Wir müssen mal hier die Quadratmeter von dem Haus ausmessen. "
Es war Sonntag und da haben die meisten ihren freien Tag, speziell jene, die gar nicht arbeiten. Die restlichen Familienmitglieder hatten sich in ihre Behausungen zurückgezogen und lauschten gespannt, wie der Pedro nun reagieren würde.
„Du bist besoffen, Papolo - und mit Besoffenen rede ich gar nicht! "

Damit schien die Sache fürs erste aus der Welt, doch überlegte ich es mir anders.
„Aber ich bin ja auch nicht mehr nüchtern. Laß uns also drüber reden, Papolo!" Wir standen beide nebeneinander auf dem kleinen Vorplatz.
„Ich hab nichts dagegen, doch wenn wir schon ausmessen, dann auch die kleine Blechhütte neben mir, wo die Morena wohnt, die von dem Haitianer gevögelt wird. Dann müssen wir auch noch die Hütte von der dicken Nona ausmessen, der ich das Haus geschenkt habe und die von meinem Baumeister gevögelt wird. Dann kommt noch die häßliche Dschungelschmiede dran, wo Dein mißratener Sohn seine Kunden übers Ohr haut. Das müssen wir alles ausmessen, Papolo!"
Sein Unterkiefer war inzwischen heruntergefallen und er sah mich ungläubig an. *„*
Oder willst Du vielleicht nur bei mir herummessen??? Tu mich nicht ärgern, Papolo, weil wenn Du mich ärgerst, sage ich Dir jetzt, was ich dann machen werde."
In der ganzen Anlage war es noch nie so still wie in diesem Moment. Alle schienen die Luft anzuhalten.
„Dreihundert Meter von hier hat ein Freund von mir eine Caliche - Mine. Dort steht ein neunzig Tonnen schwerer Caterpillar. Der kostet am Tag zwölftausend Pesos, das sind pro Stunde also tausend -

zweihundert Pesos und für diesen Rattenstall hier brauche ich keine zehn Minuten. Da fahr ich im Standgas, die Schaufel halbhoch, einmal durch und singe dazu noch eure Nationalhymne!"

Entsetzt war daraufhin mein Schwiegerpapi einen Schritt zurückgewichen.

„Wenn ich mit Euch fertig bin, muß die Gegend neu vermessen werden, Papolo und danach kannst Du dann wieder Yuca anbauen - so wie früher."

Am nächsten Tag kam er zu mir, umarmte mich wie seinen Bruder und meinte: *„Gestern war ich besoffen, Pedro. Es ist alles in Ordnung."*

Zum Abschluß noch eine kleine Geschichte. Ich habe im zweiten Teil meiner Bücher über einen Mecanico geschrieben, der mir damals eine unverschämt hohe Rechnung gelegt hatte, ohne je irgendwas Brauchbares dafür getan zu haben. Gestern hat ihn das Schicksal ereilt. Die Bank, bei der er offensichtlich verschuldet war, zeigte wenig Mitleid mit dem Betrüger: Sie hat Holzpfosten in den Boden treiben und das gesamte Anwesen, inklusive seiner Behausung, mit viel Stacheldraht umzäunen lassen. Dort hockte er nun wie ein Pavian draußen vor seiner Hütte an einer Ecke und schaute sehnsüchtig auf sein ehemaliges Domizil.

Als ich das sah, mußte ich an den alten Indianer denken, der seinem hitzigen Sohn einst den Rat gab: *„Bleibe ruhig, setze Dich an den Fluß und warte, bis die Leiche Deines Feindes vorüberschwimmt!"*

Juridisches.

Zuerst reden wir von der Gerechtigkeit wie wir sie zu kennen glauben. Wir in Europa sind stolz darauf, in einem Rechtsstaat zu leben und bemerken gar nicht, wie dieser Begriff pausenlos vergewaltigt wird. Recht ist im Grunde immer das, was die Mächtigen darunter verstehen - mit Gerechtigkeit hat das alles nichts mehr zu tun. Das ist mittlerweile auf der ganzen Welt so, doch hat unsere Bananenrepublik auch hier noch mit einigen spezifischen Zuckerln aufzuwarten.

Vor wenigen Jahren noch wurden die Autofahrer ständig von herumstreunenden Polizisten belästigt, welche mit ihren weißen Tropenhelmen die Autos stoppten und zwar nicht, um den Führerschein zu überprüfen oder die Zulassung oder die Steuerkarte, sondern um schlichte zehn Pesos zu kassieren und nach Erhalt des Kleingeldes eine schöne Weiterfahrt zu wünschen.

Solange diese Belästigung im Rahmen blieb, konnte man ja damit leben, doch wenn das alle halbe Stunde passierte - und das war speziell an den Wochenenden der Fall, wo der Durst ja bekanntlich besonders groß ist - wurde die Angelegenheit schon sehr lästig. In diesen Fällen schaute ich zunächst auf ihre Bewaffnung und, wenn von dort nichts zu befürchten war, hob ich die rechte Hand zum Gruße, ließ ein freundliches „Hola!" rüberschallen und fuhr einfach weiter. Kannten sie mich hingegen schon und würden mir daher später mal unangenehm werden können, griff ich in den Aschenbecher, holte dort eine zehn Peso Note hervor, zerknüllte sie mit der rechten Hand und warf sie ganz einfach auf die Straße. Im Rückspiegel konnte man dann beobachten, wie der Sheriff neben dem Schein Aufstellung nahm, zunächst nach links und rechts schaute und dann folgte die erniedrigende Bewegung: Er ging in die Hocke und wischte den Fetzen von der Straße auf.

Einmal hatte ich ein paar Hamburger Freunde mit im Jeep, als ich den Polizisten Geld gab. Sie erzählten mir hinterher, daß sie der felsenfesten Überzeugung waren, jetzt würden sie mich einsperren. Ich habe ihnen erklärt, daß sie mich einsperren würden, wenn ich ihnen kein Geld geben würde.

Erst dem vorletzten Präsidenten - Leonel Fernandez - ist es gelungen, diese beschämenden Vorgänge zu beenden und die Straßen wieder frei zu machen, indem er den niederen Rängen ganz einfach fünfzig Prozent mehr Lohn zahlte. Doch wie bei den Huren auch, ist damit die korrupte Denkweise in den Schädeln noch lange nicht bereinigt. Wo immer sie eine Möglichkeit sehen, Geld zu machen, werden sie es auch tun.

Ich kann hier jeden einsperren lassen, wenn ich das will. Der Vorgang ist ganz einfach: Ich werde beim Friedensrichter - dem Fiscal - vorstellig und sage:
„Dieser Mann hat öffentlich behauptet, meine Frau sei eine Hure! Das darf der nicht machen! Der Mann gehört bestraft!"
Obwohl jeder im Dorf weiß, dass sie eine Hure ist und der gute Mann mit seiner Behauptung ja eigentlich Recht hat, geht es ja gar nicht um die Schlampe, sondern um meine Reputation. Auf Anhörung der Gegenseite wird grundsätzlich verzichtet, der Anzeigende hat immer Recht. Dann stellt mir der Gesetzeshüter einen Haftbefehl aus und mit dem und einer Flasche Bier gehe ich dann zur Polizeistation. Keine Stunde später gibt der Kerl seinen Gürtel ab und wandert in den Knast und wenn ich ganz böse bin, mache ich das an einem Freitag, dann nämlich sitzt der so lange ein, bis am Montag früh die Nationalfahne wieder den Mast hinaufgezogen wird. Übers Wochenende ruht Justitia sich nämlich aus!

Ist auf diese Art jedoch kein Geld zu machen und im Dorf leben nur mehr wahre Christenmenschen, die sich einfach nichts zu Schulden kommen lassen, müssen die Bullen eben zu anderen Mitteln greifen, wenn sie nicht verhungern wollen.

Dann erinnern sie sich plötzlich, daß es ja ein Gesetz gibt, welches jedem Motorradfahrer vorschreibt, einen Helm mit sich zu führen. Also werden alle helmlosen Motorradfahrer eingesperrt und nach Bezahlung einer willfährig festgelegten Summe wieder auf freien Fuß gesetzt. Fahren jetzt alle mit Helme durchs Dorf und die Bullen wollen noch mehr Geld, werden alle Conchos dahingehend überprüft, ob sie auch versichert sind. Das ist in den wenigsten Fällen so und daher werden alle Maschinen konfisziert, auf Lkws verladen und nach Samana gebracht. Hier können sie dann später gegen Bezahlung einer schmerzenden Summe wieder ausgelöst werden.

Letzte Woche haben sie mir in Sosua meinen Führerschein - besser gesagt: einen meiner vielen Führerscheine - abgenommen, weil ich nicht angeschnallt war. Der dicke Hermann, das ist der heimliche Bürgermeister dort, hat ihn mir dann eine Woche später wieder beschafft. Der Spaß kostete dreihundert Pesos - das ist immerhin soviel wie eine Liebesnacht!

Zu Weihnachten ist die Not besonders groß. In dieser Zeit häufen sich die Einbrüche. Nicht weit weg von meiner Hütte wurde bei einer Französin eingebrochen. Als die Polizei auftauchte, waren die Täter natürlich längst über alle Berge. Lediglich fünf Buben im Alter zwischen sieben und zehn Jahren spielten in der Nähe. Also machten unsere Freunde es sich leicht, sammelten die Kinder auf und sperrten sie ganz einfach weg. Den besorgten Eltern wurde mitgeteilt, daß es zweihundert Pesos kosten würde, wenn sie Wert darauf legen sollten, daß ihr Nachwuchs zu Hause schläft. Das waren also schon mal tausend Pesos Weihnachtsgeld und weil es so schön ging, versuchten sie es am nächsten Tag wieder, obwohl inzwischen die Französin vorstellig geworden war und mit Nachdruck versichert hatte, daß es ja nicht die Kinder gewesen seien, die bei ihr eingebrochen hätten, sondern andere, die größer waren.

Also machte ich mich mit Papolo auf den Weg zum Friedensrichter, welcher daraufhin den Colonel anrief und dann fuhren wir mit ihm in seinem Auto zur Bullenstation. Der Polizeioberst begrüßte mich sehr kameradschaftlich – wir hatten uns einst beim Polen kennengelernt, als ich nachts mit einer dunklen Schönheit im Pool saß und einen Cuba Libre zu mir nahm - und mußte sich nun vom Fiscal sagen lassen, daß die Zeiten sich geändert hätten und man nicht vor den Augen der Touristen und der hier lebenden Ausländer grundlos irgendwelche Kinder einsperren könne. Der Colonel holte mit der linken aus und schlug mit der Faust gegen eine Holztüre. Daraufhin wieselte der Teniente herein, salutierte und fragte, was denn los sei.

„Bring mir den Affen!"

wurde er aufgefordert und keine Minute später erschien Rambo. Der wurde jetzt gewaschen, gebügelt und schnellgetrocknet und damit war die ganze Sache ausgeschwitzt. Seitdem ist mein Ansehen bei einigen Mitbürgern wieder um einiges gestiegen.

Don Louis, der alte Fuchs vom Punta Bonita Hotel, legte indessen noch ein Schauferl nach: Er ließ nämlich zu Silvester zwei Polizisten festnehmen, entwaffnen und einsperren. Sie hatten sich auf Kosten des Hauses vollgesoffen und anschließend vor den entsetzten Touristen mit ihren Schießknüppeln das neue Jahr begrüßt. Lächelnd zeigte mir Don Luis das Entschuldigungsschreiben vom obersten Polizeiboss aus Santo Domingo. *„Da sind sie an den Falschen geraten!"* schmunzelte er. *„Die haben das neue Jahr im Knast feiern dürfen!"*

Verlassen wir jetzt die Exekutive und widmen uns der Legislative! Die unterste Stufe im Falle einer Meinungsverschiedenheit ist das Juzgado de Paz – das Friedensgericht. Das entspricht unserer außergerichtlichen Einigung. Der Friedensrichter versucht also mit den Streitenden eine für alle annehmbare Lösung zu finden. Ist das nicht möglich, wird der Staatsanwalt in der Provinzhauptstadt – in unserem Falle Samana - mit der Sache befaßt. Auch der versucht zunächst noch eine Schlichtung ohne Prozeß, doch dann wird verhandelt. Es herrscht zwar keine Anwaltspflicht, doch werden in dieser Phase bereits Anwälte hinzugezogen. Diese haben in der Regel unverschämte Honorarforderungen und liefern dafür lediglich eine große Show. Wenn sich zwei Gringos streiten, umarmen sich die gegnerischen Anwälte und weinen vor Freude, denn jetzt wird solange herumgestritten und dagegen berufen bis die Gringos kein Hemd mehr am Leibe tragen.

Wenn man hier heiratet oder sich scheiden läßt, braucht der Dominikaner keinen Anwalt, beim Kauf eines gebrauchten Mopeds aber schon. Bei allen wirklich wichtigen Dingen sind sie dabei. Als ich damals meine erste Grundstücksparzelle kaufte, zahlte ich einem Millionärsanwalt aus Santiago volle neununddreißigtausend Pesos für den Titel und die Deslinde (Grundbucheintragung und Landvermessung.) Der Titel kam nach drei Monaten, die Deslinde nie! Als dann alles daneben ging und ich meine Hypothek wollte, erklärte mir der gleiche (!) Anwalt, daß er die Hypothek nicht auszahlen könne, denn es sei etwas nicht in Ordnung mit dem Titel - den er mir einst beschafft hatte!

Ich bin seit über zehn Jahren auf dieser Insel und habe bis heute keinen Anwalt getroffen, der im edelsten Sinne seriös gewesen wäre. Hier herrscht das Faustrecht und wenn ich Probleme habe, das heißt, wenn jemand Probleme mit mir bekommt, dann drohe ich nicht mit einem Anwalt, sondern mit Luis, meinem Killer aus der Hauptstadt! Den habe ich vor vielen Jahren einmal aus dem Gefängnis freigekauft. Seitdem habe ich einen Wunsch frei!

Es gibt in diesem Land auch keine Rechtssicherheit. Vor zwei Jahren sind Araber erschienen und haben gemeint: *„Die Halbinsel Samana erklären wir zum Paradies auf Erden. Hier möchten wir investieren."* Leonel, der damalige Präsident, hatte daraufhin geantwortet: *„Wenn jemand mit viel Geld ins Land kommt, dann ist er selbstverständlich herzlich willkommen."*
Unlängst kamen nun die Araber mit einer ersten Tranche von 365 Millionen Dollars. Da stellte sich der neue Präsident hin und verblüffte die staunenden Investoren mit der Meldung:
„Die Verträge mit meinem Vorgänger erkläre ich für ungültig!"
Also zogen die Araber wieder ab mit ihrem vielen Geld!
Mit gleichem Recht könnte er alle Residenten auffordern, sich neue Aufenthaltsberechtigungen zu besorgen, denn diese wurden ja damals von einem korrupten Regime erteilt und hätten daher keine Gültigkeit mehr. Das gleiche könnte mit Grundeigentum passieren oder mit Bankkonten und wenn der erste Mann im Staat so etwas tut - wie schaut dann wohl der Rest der Legislative aus?!

Alfred, unser Pole, erschien einst in der bekannten Neckermann - Uniform, das heißt in kurzer Hose und Hemdsärmeln vor Gericht. Der Richter hob die Augenbrauen hoch fragte ihn erstaunt: *„Haben Sie denn keinen Respekt vor dem Gericht?"* Alfred lächelte zurück und antwortete: „*Nein!*"

Noelito

Es gibt ihn. Er ist immer irgendwo in der Nähe. Niemand hat ihn bestellt, niemand hat ihn gewollt. Er ist einfach passiert. Die paar Fetzen an seinem Leib sind immer dreckig, so wie er. Noelito ist das ungeliebte Kind der Familie.

Er ist an allem Schuld, man schlägt auf ihn ein: mit Lederriemen, Ästen, Knüppeln. Alle sagen er ist böse. Seine Mutter lebt als Hure angeblich irgendwo in Santiago, sein Vater im Dunstkreis der Familie hier. Der hat sogar Arbeit, fährt mit seiner Pasola (Motorroller) herum. Sein Geld aber versäuft und verhurt er. Er spricht nicht einmal mit seinem Sohn. Er ist ihm vollkommen egal.

Noelito hat weder Schuhe noch Strümpfe. Was er am Leibe hat wurde von anderen weggeworfen. Seine Spielzeuge sind Steine, eine selbstgebastelte Schnarre aus den runden Früchten der großen Feigenbäume, durch die ein kurzer Ast als Achse gesteckt und daran eine etwas längere Astgabel angebunden ist sowie eine Plastikflasche mit einer Nylonschnur und einem Stacheldrahthaken dran. Damit geht er hin und wieder angeln.

Als er zwei Jahre alt war, verletzte er sich. Er brach sich das linke Schienenbein. Wie das passierte, weiß heute niemand mehr. Es ist ein Trümmerbruch. Man kann bis auf den blanken Knochen schauen. Es ist ständig entzündet und vereitert. Als ich Mercedes darauf ansprach, hob sie die Schultern hoch und meinte nur: *„Voodoo.“* Bis heute ist nichts passiert. Heute ist er zehn!

Voriges Jahr habe ich ihm ein Hemd, eine Hose, Strümpfe und ein paar Schuhe gekauft, um ihn in die Schule zu schicken. Die Professorin fragte nach der Geburtsurkunde. Die gab es nicht! Also wurde ich bei der Oficialia de Estados Civil - einer Art Amt für Personenstandsangelegenheiten - vorstellig, um ihn auf meinen Namen registrieren zu lassen. Man kennt mich dort, wir haben das schon öfter gemacht. Spätere Ahnenforscher oder sonstige Archivhaie werden sich wohl irgendwann einmal über den hochpotenten alten Gringo wundern, doch damit habe ich kein Problem. Die Beamtin meinte, ich solle doch einfach mit dem leiblichen Vater wiederkommen, denn dann sei es wenigstens korrekt. Ich hielt Noel an der Straße an und sagte: *„Morgen um neun kommst Du zu mir! Dann werden wir Deinen Sohn registrieren lassen.“* Am nächsten Tag kam er tatsächlich. *„Hast Du Deine Cedula (Personalausweis) dabei?“* Er schaute mich an, hob müde die rechte Hand hoch und sagte: *„Perdido!“* (Verloren) Wahrscheinlich hat er sie vor den Wahlen um hundert Pesos an interessierte Wahlhelfer verscherbelt, um sich billigen Rum zu kaufen. *„Quedate!“* (Verschwinde!)

Die nächste Person, die ins Spiel kam, war die Großmutter. Sie ist sehr sympathisch und wir verstehen uns ausgezeichnet. Sie mochte mir helfen. *„Bring mir bitte seine Mutter aus Santiago her. Ich zahle Hin- und Rückreise, sowie ein gutes Essen!“* Zu Weihnachten erschien sie dann: Ein Riesenweib! Sie füllte das Loch vollständig aus, wo ich später mal eine Türe hinbauen möchte.

„Hast Du eine Cedula, um Deinen Sohn anzumelden? Der muß nämlich in die Schule!“ – *„Den habe ich in Santiago registrieren lassen. Ich hab mir nämlich gedacht, es ist besser, wenn er bei seiner Mutter lebt - offiziell wenigstens!“* Monate später kam dann die ersehnte Kopie herüber und nochmals viele Monate später ging er dann zur Schule. Er ist der Klassenälteste.

Noelito ist nicht böse. Wenn er etwas hat, teilt er es mit anderen Kindern. Doch er hat gelernt, sich zu wehren. Der natürliche Respekt vor Erwachsenen ist ihm abhanden gekommen. In der Schule gab es eine Rauferei. Steine flogen. Einer traf ihn knapp unterhalb des Knies an seinem gesunden Bein. Eine mir unbekannte Frau fuhr mit ihrer Pasola auf meine Terrasse und teilte mir mit, daß die Professorin ihn in das Hospital hat bringen lassen. Ich öffne meinen großen Koffer, nehme Pflaster, ein Paket Gazetupfer und eine Tube Betaisodona-Salbe heraus, setze mich in den Jeep und fahre ins Hospital. Dort hatten sie ihn schon vernäht: sechs Stiche! Der Doktor schaut auf meine Medikamente. Die Gazetupfer gefallen ihm.

„Hast Du viel davon, Pedro?“

„Ich denke, ich habe noch ein Paket. Habt Ihr an Tetanus gedacht?“

Hatten sie nicht. Also ging ich um die Ecke in die Farmacia von Rodriguez, meinem alten Schamanen und kaufte um 150 Pesos Gammaglubolin. Drei Erwachsene mussten ihn halten. Er schrie wie ein Tier, in dem Moment war er es auch! Bevor wir gingen, legte ich noch meine Tupfer auf den Tisch. „*Muchas Gracias, Senor Pedro.*"

Zwei volle Tage lang geschah nichts besonderes. Die Wunde musste zwar gereinigt werden, weil er sich wie immer ständig im Dreck bewegte, doch es sah zunächst ganz gut aus. Am dritten Tag kommt Mercedes zu mir und sagt:

„*Du kannst ihm nicht helfen, Pedro. Schau Dir das doch mal an!*"

Die Wunde war aufgeplatzt, die Nähte in der Mitte auseinander gerissen. Alles war voll Dreck und Eiter. Winzige Fliegen hatten sich bereits angesiedelt. Eine rote Schwellung deutete auf die bereits akute Entzündung hin. Ich raste aus! Zu viert fangen wir den Buben ein. Mit der rechten Hand drücke ich seinen Körper auf den Beifahrersitz und mit der linken am Lenkrad machen wir uns wieder auf den Weg zum Hospital. Dort machten sie ernste Gesichter.

„*Ich weiß!*" sagte ich: „*Was soll ich denn machen? Wir müssen das jetzt reinigen.*"

Sie holten Alkohol. Ich preßte seine Arme an seinen Körper, daß es schmerzte. Sein Geschrei war in der ganzen Klinik zu hören.

„*Da mußt Du jetzt durch, Noelito!*"

Der Arzt holt einen Rezeptblock hervor und murmelt was von Antibiotika. Ich runzele die Stirn und rede mit ihm.

„*Wenn sie immer Antibiotika anwenden, wird es irgendwann keine Wirkung mehr haben. Was halten sie denn von Penicillin, so 400 Tausend Einheiten etwa, sieben Tage lang?*"

„*Hast Du Medizin studiert, Pedro?*" – „*Nein, ich bin nur früher viel gereist.*"

Er schloß sich meinem Therapievorschlag an. Dann sprachen wir über seine alte Verletzung. Das könnten sie hier nicht machen. Entweder in San Francisco de Macoris oder in Santo Domingo, wo sie für orthopädische Operationen ausgerüstet sind. Der Staat würde die Kosten der Ärzte übernehmen, doch wenn sie mich sehen, muß der Gringo natürlich zahlen! Und: die Sache eilt!

Am nächsten Morgen bekam Noelito die erste Penizillininjektion. Drei Männer drückten seinen Körper auf meinen Esstisch. Ich ziehe sterilisiertes Wasser aus der kleinen Plastikampulle, spritze es in das

Gläschen mit dem weißen Pulver, schüttele das ganze ein wenig. Dann ziehe ich die Spritze auf, laß oben die Luft raus und ab mit Schwung in seinen kleinen Hintern! Er schrie und bäumte sich auf. Seine Pobacken waren so verkrampft, daß ich schon dachte, ich wäre aus Versehen in der Tischplatte gelandet! Und dann müssen Sie nur noch drücken. Ich habe mindestens so gelitten wie er!

Mittlerweile ist alles durchgestanden. Er hat seine sieben Spritzen bekommen. Zum Schluß verkrampfte er sich dann nicht mehr. Die Wunde ist verheilt. Eine Narbe wird wohl bleiben. Doch wie schaut es mit seinen inneren Wunden aus, die ihm zugefügt wurden und die niemand sieht? Wir werden viel Zeit brauchen. Nächste Woche werde ich mit ihm nach Santo Domingo reisen. Werde ich den Ärzten erklären können, daß ich dem Kleinen nur helfen möchte, ohne deswegen gleich mein Haus verkaufen zu müssen? Ich weiß nicht, ob es mir gelingen wird, doch eines weiß ich: Wir werden es versuchen!

Als ich Noelito zum ersten Mal aus dem Spital abholte, fragte ihn der Arzt, wie er denn hieße. Der Knabe blickte verstockt auf den Boden und meinte ganz leise: *„Noelito."* – *„Hast Du auch einen Nachnamen?"* Er nannte einen - meinen! *„Ese desgraciado no es de mi!"* fuhr ich hoch und lachte den Arzt an. Der lachte zurück und wir wussten, daß in diesem Moment meine Familie wieder um ein Mitglied reicher geworden war!

Der Becher ist wieder einmal geleert. Die Wut, die Verzweiflung und die Ohnmacht der Hilflosigkeit sind weggespült. Ein wenig Resignation ist geblieben. Ich schaue aufs Meer. Ganz weit dahinten, wo es mit dem Himmel zusammenzutreffen scheint. Wie viele Noelitos mag es wohl geben auf dieser Welt?

Armut

Meldung vom 27. September im Dom Rep Magazin: 6.3 Millionen Dollar für die Ärmsten der Bevölkerung. Die Kreditanstalt für den Wiederaufbau spendiert mal eben diesen Betrag an das Finanzministerium hier. Na Danke! Seid Ihr denn vom wilden Affen gebissen? Das Geld kommt doch nie bei den Armen an! Ein paar geldgeile Säcke teilen sich das, indem sie irgendwelche Scheinaktivitäten setzen und zwei Wochen später liegt es auf irgendwelchen Konten in Miami. Dann gehört es wieder einmal den Schlitzohren, die zu Semana Santa mit ihren goldenen Lexus Karossen vorgefahren kommen, um hier die Sau rauszulassen und danach eine kilometerlange Müllhalde hinterlassen.

Letzte Woche war Ich in Santo Domingo. Am Malecon - das ist die prachtvolle Uferstraße hier - entsteht neben dem berühmten Restaurant Vesuvio ein Riesenkomplex aus Luxuskaufhäusern und Appartements mit Blick auf das karibische Meer. Dreißig Stockwerke hoch! Die kosten eine Million Dollars das Stück und es gibt hier genug Interessenten dafür!

Das einzige Problem dieses Landes ist der Peso. Er ist eine exotische Währung, das heißt: er wird nur hier gehandelt. Die Folge ist logisch: Jeder, der mehr als zwanzig Pesos hat, verladet seine Scheinchen nach Miami, Puerto Rico oder in die Schweiz. Laut dem Schatzamt der Vereinigten Staaten liegen auf dominikanischen Konten alleine in Florida mehr als fünf Milliarden (!) Dollars.

Mit den Zinsen dieses Betrages baue ich hier jeden Tag eine Schule und jede Woche ein Spital! Wenn das Geld, das hier gemacht wird - ich rede bewusst nicht von verdienen, denn das hätte ja etwas ethisches - im Lande bleiben würde und hier arbeiten könnte, hätten wir hier null Probleme!

Doch seit Kolumbus´ Zeiten wird diese Insel nur geplündert! Warum zahlen denn die Banken hier so hohe Guthabenzinsen? Damit wenigstens etwas im Lande bleibt! Doch im Vergleich zu anderen sind wir ja hier noch reich! Nebenan in Haiti geht es schon ganz anders zu. Hier verkauft die eigene Mutter ihre zwölfjährige Tochter für eine Stange Mars! Wenn sie einer Frau eine Dose Camppell Suppe in die Hand drücken, würde diese das mit Sicherheit nicht essen, sondern verkaufen!

Es kommt nie an!

In Europa gibt es die Kleidersammlung vom Roten Kreuz. Das meiste davon wird an Papierfabriken verkauft. Nur die wirklich guten Sachen kommen in die Container. Wochen später kommen sie in Port au Prince an. Ein Haitianer, dessen Villa mit Pools in mehreren Ebenen verziert ist und an dessen Händen es von Diamanten nur so glitzert, kauft die Container, verladet den Inhalt an die dominikanische Grenze und verkauft sie dann mit Gewinn an dominikanische Händler.

Die fahren dann mit ihren Pick ups durch die Dörfer und dann kann ich um sechzig bis achtzig Pesos meine Jeans wieder kaufen, die ich vor einem halben Jahr dem Roten Kreuz geschenkt habe. Und wenn das mit den Kleidern schon nicht funktioniert, wie wird das dann erst mit dem Geld sein?

Es kommt nie an!

Szenenwechsel! Nigeria, vor ein paar Jahren. Im Hafen von Lagos liegt ein Schiff aus Amerika. Es hat Reis gebracht für die Ärmsten im Lande. Die Kräne verladen die Säcke in Militär Lkws und dann geht alles in die Kasernen – Tore zu und Wachmann davor. Ein paar Säcke platzen auf. Eine feine Spur von Reiskörnern bildet sich auf der Mole. Hunderte Hände versuchen zuzulangen, wenigstens die berühmte Handvoll zu erhaschen. Die Soldaten nimmt die Menge unter Feuer. Sollen doch besser die Hühner oder die Ratten darüber herfallen!

In einem anderen Land - ebenfalls in Afrika - finanziert die Weltbank ein Riesenprojekt. Mercedes Benz liefert zwanzig große Lkws, mit denen man Erde wegfahren kann. Die schwarzen Lendenschurz-Träger freuen sich wie die Kinder. Die Maschinen werden gestartet und im Konvoi geht es übers Land – mit Höchstgeschwindigkeit natürlich! Hinten drauf stehen etwa sechzig ausgelassene Menschen. Der Fahrer probiert die Knöpfe aus. Er betätigt den Falschen: Hinten geht die Mulde hoch und die Ladung Menschen rutscht auf den harten Boden hinunter. Die nachfolgenden Fahrzeuge überrollen sie. Man lässt sie einfach liegen und fährt weiter. Wenn es hier etwas im Überfluß gibt, dann sind es Menschen!

In der Kuh Bar traf ich einst einen bekannten Kriegsberichterstatter. Der meinte: „Achtzig Prozent meiner Photos werden nie veröffentlicht. Die Menschen daheim wollen gar nicht wissen, was los ist auf der Welt. Die wollen fernsehen!"

Nochmals Haiti. Es gibt dort Hotels, da wird ein Buffet serviert, wie man es nicht einmal im fünf Sterne Bavaro in Punta Cana kennt. Die Reste darf sich das Personal aber nicht aufteilen oder gar mitnehmen. Es wird unter Aufsicht an die Tiere verfüttert!
Es kommt nie an!

1988, El Catey, dort, wo sie jetzt den internationalen Großflughafen bauen. Eine Frau sitzt mit ihren beiden Söhnen - 6 und 8 Jahre alt - am Tisch. Sie essen. Anschließend begibt sie sich zum Fluß, um die Wäsche zu waschen. Als sie zurückkommt, sind die Kinder verschwunden. Statt dessen liegt ein Bündel Geld auf dem Tisch. Es sind fünfzigtausend Pesos! Die Leute vom Dorf mussten die Frau gewaltsam daran hindern, sich selbst umzubringen. Diese Spende kam auch nicht an!
Nochmals Dom Rep Magazin. 22. August. Colgate Palmolive sponsert vierzigtausend Gallonen Ajax Cloro. Bravo! Ich hoffe doch, dass wenigstens ihre Jahresbilanz auf chlorfreiem Papier gedruckt wird!

Vorige Tage hier in Las Terrenas passiert. Zwei Schuhputzbuben bei der Arbeit. Einer hatte eine Holzkiste für sein Handwerkszeug, der andere noch nicht. Der griff mit bloßen Händen in die schwarze Creme und machte die Schmutzarbeit. Sein Kollege mit der Kiste gab ihm nichts vom Geld ab. Dieser Knabe lernt, was Leben bedeutet. Sein gleichaltriger Bruder in Europa weiß davon nichts. Der schießt am Computer fremde Galaxien zusammen und sollten sie sich einmal begegnen - zum Beispiel als Tourist getarnt - dann weiß der eine nicht wovon der andere redet, selbst dann nicht, wenn sie die gleiche Sprache sprechen!

Nehmt also Euer Geld und löst damit die Probleme in Euren Län-
dern! Diese Spenden sollen den Armen auch gar nicht wirklich helfen. Sie dienen nur zur Beruhigung Eures schlechten Gewissens!

Lilia

Ihr Vater hatte vor Jahren seine Heimat Haiti verlassen und war über die Grenze gekommen, um hier für eine Handvoll Pesos mit der Machete Zuckerrohr zu schneiden. Er starb, bevor sie noch zur Welt gekommen war. Er starb an Aids.

Geboren wurde sie in einem Pappkarton, in welchem ursprünglich einmal ein Kühlschrank verpackt gewesen war. Er diente nun als Zuhause für sie, ihrer Mutter, die ständig hustete und ihren zweijährigen Bruder, der ständig Hunger hatte. Die Frau hatte keinen Nachfolger für ihren Haushalt finden können, denn die Todesursache ihres letzten Mannes hatte sich in dem zweihundert Seelen Dorf natürlich herumgesprochen.

Hier in La Cienega in Santo Domingo, einem der übelsten Elendsviertel der Stadt, kannte niemand ihre Vorgeschichte. Jeden Tag stöberte sie mit den Kindern auf dem großen Marktplatz herum in der Hoffnung, irgend etwas Essbares zu ergattern oder hie und da einen Peso zu erbetteln. Es würde noch Jahre dauern, bis der Knabe mit seiner eigenen Schuhputzkiste die eleganten Einkaufstrassen auf und ab gehen konnte, um seinen Beitrag für die Familie zu erarbeiten.

Sie konnten ihre Behausung tagsüber problemlos verlassen. Der alte Mann von nebenan hatte bisher immer darauf geachtet, dass sich niemand bediente und das rostige Blech, welches den Regen notdürftig von der Pappe fernhielt, an seinem Platz blieb. Es gab ja auch wirklich nichts, was irgend einen Wert gehabt hätte.

Der erste Mann in ihrem Leben hätte ihr Großvater sein können. Er war betrunken und nahm sie brutal. Da war sie zwölf. Es passierte unten am Rio Ozama, wo sie wie so oft sich mit anderen Kindern hatte treffen wollen, um Steine in den Fluss zu werfen oder ein kleines Feuer zu entzünden, um sich daran zu wärmen. An diesem Abend traf sie keine anderen Kinder – an diesem Abend ereilte sie ihr Schicksal. Sie war noch nie so allein gewesen.

Weinend und blutend versteckte sie sich unter ihrer Liege. Die Mutter tröstete und reinigte sie. Wenige Tage später wurde sie aufgeklärt:

„Jetzt bist Du ja schon erwachsen und weißt jetzt, wie das geht. Alle Männer wollen das – und sie bezahlen auch dafür. Du musst ab sofort Dein Geld selber verdienen. Schau nur zu, dass es nicht gratis ist."

Mit diesen Worten wurde sie in ihre Selbständigkeit entlassen.

Die Götter hatten jedoch ein Einsehen. Eine zwanzigjährige Haitianerin nahm sich ihrer an und so kamen sie gemeinsam hierher - nach Las Terrenas.

Bernd suchte noch immer nach der Frau fürs Leben und so zog die Haitianerin bei ihm ein. Wenige Tage darauf hielt er mit seinem Motorrad bei mir an. Da saß doch noch etwas Kleineres zwischen ihnen. Das sei ihre jüngere Schwester, teilte er mit. Wie ich denn den Rest des Tages angehen würde, wollte er wissen. Ich fahre mit den Kindern zu schönsten Bar der Welt, erklärte ich. Das ist eine gute Idee, wir treffen uns dann dort. Ach übrigens: *„Kannst Du die Kleine mit Deinem Jeep mitnehmen? Zu Dritt rutschen wir zu leicht aus in dem Sand."*

Damit war meine dominikanische Familie aber ganz und gar überfordert. Dieses fremde Mädchen zusammen mit unseren Kindern? Ganz unmöglich! Also musste ich wieder einmal dazwischen fahren und glaubhaft machen, dass ich keinen Wert darauf legen würde, irgendwelche Rassisten an meinem Tisch durchzufüttern! Danach nahm ich einen Schluck aus der Flasche, machte einen Rülpser und ab ging die Fahrt – mit allen Kindern selbstverständlich.

In Coson spielten die Kinder wie immer im Wasser und hatten viel Spaß. Wir hingegen ließen unsere Seelen baumeln und tranken alten Rum.

Am Abend des gleichen Tages lieferte ich Lilia bei Bernd und ihrer großen Schwester ab und verlor sie danach aus den Augen.

Doch eines Tages traf ich eine ehemalige Freundin von ihr und deren Geschichte ist im Grunde genau so erschütternd.

Seit vielen Jahren gibt es in Las Terrenas eine französische Schule, die „école francaise." Diese Schule gibt vor, begabte Kinder armer Eltern kostenlos zu unterrichten. Daher wird sie auch in Europa anerkannt und sogar von der EU in Brüssel finanziell unterstützt. Die französischen Residenten schicken ihre Kinder natürlich in „ihre" Schule.

Pflichtgegenstand ist das Erlernen der französischen Sprache und der frankophonen Lebensart. Kinder anderer – also nicht französischer – Residenten werden nur nach eingehender Prüfung ihres Umfeldes (Elternhauses) zum Unterricht zugelassen. Eine Vorraussetzung ist u.a. die Offenlegung der finanziellen Einkommensverhältnisse der Eltern, denn die Preise liegen für diese Art von Kunden auf einer Ebene, die einem Drittweltland Hohn sprechen und selbst die Universität in Santo Domingo vor Neid erblassen ließe.

Eines Nachmittags – ich saß in der Internetstube des großen Schweizers – sprach mich ein zwölfjähriges haitianisches Mädchen mit der Bitte an, ihr beim Finden einer Seite zu helfen. Nachdem sie ihre Sitzung beendet hatte, unterhielten wir uns noch ein wenig. Nach kurzer Zeit öffnete sie ihre Schultasche und zeigte mir ihr Schreibheft. Hier waren Vokabeln untereinander geschrieben und zwar in: französisch, italienisch, englisch und spanisch.
„Oh - meine Gratulation! Du gehst also auf die französische Schule. Das ist gut und vor allem: es kostet Dich ja nichts!"
Da erklärte sie mir, dass die Schule für sie nicht gratis sei, sondern viertausend Pesos koste.
„Das ist ja unglaublich! Wer zahlt denn dieses Geld für Dich?" wollte ich wissen.
Sie blickte auf den Boden und sagte ganz leise: *„Mein Papa."*
Und als ich ungläubig die Stirn runzelte, kam die ganze Wahrheit ans Tageslicht: Die Kleine wurde aus Haiti „importiert" und muss sich nun vor ihrem neuen Pflegevater prostituieren und ihm jeden Wunsch erfüllen. Wenn er ihrer dann überdrüssig wird, wird man sie in den Discotheken finden, denn von irgendwas muss man ja schließlich leben.

Es war im Jahre 1993. Im Ziegenstall von Erika, einer dominikanischen Superköchin, traf ich einen alten Franzosen. Wir plauderten ein wenig.

„Ich habe mir Eure Schule mal angeschaut und werde seitdem das Gefühl nicht mehr los, dass Ihr Euch damit die Huren und Dienstboten für die nächste Generation heranzüchtet. Dann braucht Ihr nämlich kein Spanisch mehr zu lernen, denn die können ja dann französisch!"

Er grinste wie Belmondo in seinen besten Tagen und erwiderte: *„ Man könnte es in der Tat so sehen. Aber in Wirklichkeit ist es jedoch ein Projekt gegen die Armut und den Analphabetismus im Lande. "*

Irgendwann viel später gab irgendwer eine Party. Ich wurde einfach von irgendwem mitgenommen, denn die hochnäsige „Society" geht mir voll gegen den Strich. Zu vorgerückter Stunde baute sich prompt so ein dicker Franzose vor mir auf und sagte herablassend: „Also wenn da schon ein Deutscher ein Buch über Las Terrenas geschrieben hat, dann ist das mindeste, was wir verlangen, dass das auf französisch übersetzt wird!" Ich kippte den Inhalt meines Glases vor seine Füße, grinste ihn an und sagte: „Bevor ich das tue, lernst Du Deutsch, Du A..loch!"

Lobo

Es war irgendwann in der ersten Dezemberwoche an einem Vormittag. *„Te bucan, Pedro!"* rief mein Hausschwein. (Ich erwähnte schon an anderer Stelle, dass sie hier das „s" immer weglassen.) Dass man mich suchte, kam öfter vor. Draußen stand ein Chevrolet Pick-Up. Der war länger als mein Haus samt Terrasse! Das kam hingegen schon seltener vor.

Der gemütlich wirkende Herr am Steuer ließ das Beifahrerfenster hinabgleiten und begrüßte mich. „Wir kennen uns zwar nicht, doch wir haben einen gemeinsamen Freund: Lobo!" meinte er. Und der wollte mit mir reden – sofort! Also setzte ich mich neben den gemütlich wirkenden Herrn und wir fuhren langsam die Hauptstraße von Las Terrenas in Richtung Friedhof hinauf. In Höhe der Apotheke blieb er stehen und meinte: „Hier haben wir ein gutes Signal." Er wählte eine Nummer und reichte mir sein Handy rüber.
„Was gibt's, Lobo? "
„Du hast mir mal gesagt, dass ich Dich jederzeit anrufen kann, wenn ich in der Sch... sitze, Pedro. Gilt das noch? "
„Ja natürlich, Lobo. Was liegt denn an? "

Und dann erzählte er, dass er dringend viel Geld brauche, denn er würde von einem Landsmann erpresst. Dieser sei ein gewisser „Lutz", der vorgab, Verbindungsmann zwischen dem deutschen Bundeskriminalamt und der hiesigen Drogenpolizei zu sein. Er forderte jedoch das Geld nicht für sich, sondern für einen seiner Bosse beim DNCD, namens José Guzman Balbuena. Dieser begehrte stolze 16 Tsd. Dollars!
„Bleib in der Nähe, Lobo! Ich rufe gleich zurück. " sagte ich und rief meinen Mann in der deutschen Botschaft an. Ich wollte wissen, ob er von denen gesucht wird.
„Wie heißt Ihr Freund denn? " Ich nannte Lobos Namen.
„Nein. " kam die Antwort. *„Mag schon sein, dass er in Deutschland was ausgefressen hat, doch eine internationale Fahndung liegt nicht vor. Richten Sie ihm bitte aus, er soll nichts zahlen, denn es ist ja*

wieder bald Weihnachten und das Spiel kennen wir schon! Und wenn sie ihm was tun, werden wir uns einschalten. Alles Gute und tschüss!"

Ich rief Lobo wieder an, erzählte ihm, was man mir gesagt hatte und machte ihm den Vorschlag, gemeinsam zur Botschaft zu gehen, wo er seine „Beichte" abgeben und danach dem Lutz über die Botschaft ein wenig einheizen könnte.

Lobo wurde weiter unter Druck gesetzt und zahlte schließlich 15 tsd Pesos auf das Konto des ominösen Guzman Balbuena ein. Der schickte das Geld in Form eines Schecks jedoch wieder zurück mit der Begründung, Kleingeld interessiere ihn nicht. Lobo hat diesen Scheck aus Angst aber nicht mehr eingelöst. Am 16. Jänner erhielt ich ein Mail von ihm, dass er nächste Woche mit mir auf die Botschaft gehen würde.

Wir trafen uns im Hotel des Holländers in Gazcue. Am nächsten Tag wurden wir bei der Botschaft vorstellig. Wir waren vorgemerkt. Vor drei Botschaftsangestellten legte Lobo dann seine Beichte ab. Er hatte da wohl was in Hannover mit Hasch am Hals, doch stellte sich heraus, dass die Staatsanwaltschaft dort zwei Jahre nach der Anzeige immer noch keine Vorladung zu Stande gebracht hatte. Muss also Kleinkram gewesen sein. Die Botschaft würde ihm einen befristeten Pass ausstellen, wenn er nach Deutschland reisen wollte und dann waren wir fertig. Gegen Lutz und dessen Aktivitäten wurde eigentlich nichts unternommen. Das kam mir irgendwie merkwürdig vor.

Lobo fühlte sich jetzt pudelwohl. Er hatte jetzt wieder den Anschluss an die Legalität gefunden. Er wirkte ungeheuer erleichtert und war voller Taten-drang. Er machte sich sofort auf den Weg nach Punta Rusia und er schaffte es sogar, dort heil anzukommen. Es war nämlich genau an diesem Tag ein Generalstreik – eine Huelga – im ganzen Land angesetzt.

Ich hatte dagegen keine Chance, am gleichen Tag nach Las Terrenas zu gelangen. Kein Bus fuhr dorthin, denn Nagua ist ein gefährliches Pflaster bei Huelgas. Also beschloss ich, noch eine Nacht hier in Santo Domingo zu verbringen und erst am nächsten Morgen die Heimreise anzutreten.

Gegen 18 Uhr verließ ich das Hotel und schlenderte links die Straße hinunter Richtung Malecón. Nach etwa hundert Metern kam ich an einem kleinen Imbissstand vorbei. An einem kleinen Tisch auf dem Bürgersteig saß ein Mann und las ein Buch. Es war MEIN Buch! Belustigt blieb ich stehen und lächelte hinüber. Als er mich erkannte, geriet er ganz aus dem Häuschen. Er hatte seinerzeit in Sosua an einer deutschsprachigen Zeitung mitgewirkt, doch die Zeiten hätten sich geändert und nun sei er bettelarm. Die deutsche Botschaft lehne es aber ab, ihm zu helfen, da er ja immer noch im Anzug herumliefe.

Ich stellte zwei Presidente auf den Tisch und machte ihm einen Vorschlag: „Du scheinst Dich hier gut auszukennen. Such uns ein gutes und günstiges Lokal und ich lade Dich zum Essen ein!"

Es war ein italienisches Restaurant und das Essen war ausgezeichnet. Als Draufgabe erzählte er mir dann seine Geschichte. Hier hat schließlich jeder seine eigene Geschichte. Nach einiger Zeit hörte ich gar nicht mehr richtig zu, denn ich wusste, dass es dem Erzähler gut tut, wenn er seine Geschichte nur los wird. Nach einer Weile fiel plötzlich das Wort: „Lutz!" Ich war wie elektrisiert. *„Stopp"*, sagte ich *„setz noch mal auf! Was ist das für ein Lutz?"*

Und was er mir dann erzählte, ließ meine Nackenhaare hochsteigen. Jetzt wurde mir schlagartig klar, dass diese Begegnung kein Zufall sein konnte, dass die karibischen Götter gewollt hatten, dass ich diesen Herrn treffe. Erst die Huelga und dann hat der noch mein Buch in der Hand! Hier wirst Du zum gläubigen Menschen!

Am nächsten Morgen rief ich früh in der Botschaft an und machte noch mal einen Termin aus. Um halb zwölf entstieg ich dem Taxi und fuhr mit dem Lift die fünf Stockwerke hinauf. Der Sicherheitsmann kannte mich noch von gestern.

Gleiches Zimmer, die gleichen Leute – nur Lobo fehlte.

„Gestern hat mein Freund hier seine Beichte abgelegt – heute bin ich erschienen, um den zweiten Gang einzulegen!" Man hörte mir gespannt zu.

„Am 20. Februar des Jahres 2002 hat die Frau Cache von der Botschaft hier einem Lutz Otto Werner Last einen grünen Pass ausgestellt, der ein Jahr gültig ist. Stimmt das?"

Man bemühte den Computer. *„Das ist richtig."* war die Antwort.

„Dieser Lutz Otto Werner Last hat wohl angegeben, dass ihm der Pass gestohlen wurde, nehme ich an." fuhr ich fort. Das wurde auch bestätigt. Jetzt kam ich zur Sache:
"Mit diesem Pass reiste kurze Zeit später der wegen Time Sharing Betrügereien in Millionenhöhe gesuchte Andreas (Andy) Brauch nach Deutschland und tauchte in Hamburg unter. Lutz hatte ihm wohl für zehntausend Dollars den Pass besogt. Meine Gratulation!"
Betretenes Schweigen.
„Ach ja," fuhr ich fort, *„das ist ja noch nicht alles. Es kommt noch dicker!"* Einer der Herren hatte begonnen, mitzuschreiben.

„Dieser Lutz ist an Lobo herangetreten unter dem Vorwand, ihm helfen zu wollen. Ihm stünde von Seiten der DNCD drei Kilo Kokain zu und wollte, dass Lobo ihm bei der Verpackung hilft und ihm einen Abnehmer in Deutschland nennt. Lobo wollte aber nicht und versuchte, Zeit zu gewinnen. Und so kam es, dass Lutz Otto Werner Last mit drei Kilo Koks im Gepäck im Schutze des BKA nach Deutschland flog, wo er ein Kilo seinem Freund Harald in Düsseldorf verkaufte und den Rest im Hause seiner Eltern in Berlin versteckte." schloss ich meinen Bericht.

Nachdem keiner einen Laut von sich gab, stellte ich die abschließende Frage: *„Soll ich jetzt auch noch in Wiesbaden anrufen oder machen Sie endlich auch mal was?!"* Das würden sie schon übernehmen, versicherten sie mir und damit war mein Auftritt beendet.

Lobo stellte seine Beichte schriftlich zusammen und übergab sie Anfang März der Botschaft.

Offenbar gestärkt durch den problemlosen Verlauf, verfasste er nun einen Bericht auf Spanisch und übergab diesen durch Vermittlung eines dominikanischen Freundes, eines Tierarztes aus Puerto Plata, dem Chef der Drogenpolizei Abteilung Nordküste. Der sagte Lobo seinen Schutz zu und ließ den ominösen Herrn Guzman Balbuena sowie den umtriebigen Lutz festnehmen und einsperren. Zumindest hat mir Lobo das so gemailt. Das war Anfang Mai.

Wie auch immer. Nach zwei Monaten dürften sie wieder frei gekommen sein. Am vierten August wird Lobo in Imbert von einem PKW frontal erwischt. Er hatte es aber offensichtlich zunächst überlebt, denn er fuhr grundsätzlich mit Helm und dieser war unbeschädigt. Also nimmt man dem Verletzten den Helm ab und schlägt ihn tot! Volle vier Tage dauert es, bis das Konsulat von dem „Unfall" erfährt.

„Da stimmt was nicht", sagte mir Dunja Olejak vom Konsulat am Telephon. *Normalerweise werde ich spätestens nach einer Stunde informiert, wenn etwas passiert. Das war mit Sicherheit kein Unfall! Die wollten ja nicht einmal einen Polizeibericht verfassen!"* Der kam dann mit Verspätung aber doch noch zu Stande. Ich habe ihn.

Eine Woche drauf rufe ich meinen Mann in der Botschaft in Santo Domingo an: *„Ich werde nächste Woche in die Hauptstadt reisen. Dann möchte ich mich mit Ihnen über das merkwürdige Ableben meines Freundes Lobo unterhalten."*

„ Wozu denn das? Lobo ist ja nun tot. Es war ja wohl ein Unfall."
Also lege ich nach; *„Das war ja wohl klarerweise kein Unfall, sondern ein Auftragsmord!"*
Er darauf: *„ Ja Pedro, das wissen WIR – aber offiziell war es ein Unfall."*
Ende der Durchsage.

Lobo liegt in Las Terrenas auf dem Friedhof. Er wollte ja immer dorthin zurückkehren.
Es hieß, dass Lutz weiter Leute erpresst und sich dazu Polizisten der Migración bedient. Er soll sogar mittlerweile einen dominikanischen Pass besitzen. Der Name, der dort drin steht lautet: José Guzman Balbuena.

Persönlicher Nachruf auf Lobo

Er war einer meiner besten Freunde und er war immer auf der Flucht. Kompliziert im Wesen, weiß Gott nicht pflegeleicht und wie so viele von uns hatte er die Zivilisation schon frühzeitig verlassen. Er lebte in seiner Welt und die war edel, aufrichtig und gut, angesiedelt irgendwo zwischen König Arthur und Robin Hood. Ein einsamer Wolf in einer demoralisierten Zeit. Er hatte einen hohen Ehrenkodex und legte den höchsten Maßstab an sich selbst. Dabei war er auch immer auf der Suche nach Harmonie, nach allem was echt und unverfälscht ist. Er baute den ersten und bisher einzigen „Saftladen" in Las Terrenas. Er buk sein eigenes Brot, erntete seinen Honig und bereitete seinen Tee. Sein Schlafzimmer in Punta Rucia ist wohl einzig auf der Welt.

Er glaubte an das Gute und er investierte ohne vorherige Prüfung in Menschen, die er gar nicht kannte. Niemand würde einem Fremden Geld mitgeben und ihn bitten, es an einem anderen Ort jemandem zu geben – Lobo schon!

Letztes Jahr sind wir zu Fuß hinter die Playa Moron in Richtung Playa Cana gewandert. Dazwischen gibt es eine Playita ohne Namen. Hier haben wir uns in den Sand gesetzt und aufs Meer geschaut – wohl eine halbe Stunde lang ohne ein Wort. Die hätten hier nur gestört.

Er glaubte ständig, irgendeine Schuld auf sich geladen zu haben. Nie werde ich seine „Beichte" in der deutschen Botschaft vergessen. Was immer es auch gewesen sein mag, es war sicher kein Grund, sich so frühzeitig dem Höchstrichter zu stellen.

Egal, wo er wohnte und egal, wann ich kam – er hatte immer ein Bett für mich. Gratis, versteht sich! Er gab es mir sogar schriftlich, für immer gültig. Wir dachten beide damals wohl eher an mein Ende.

Es tut weh, einen guten Freund zu verlieren! Ich werde Dich nicht vergessen, Lobo!

Das Helfersyndrom

Fall 1: Damals hatte ich noch meinen roten Land Cruiser. Kurz hinter Gaspar Hernandez passierte es: Ein Nagel bohrte sich in meinen hinteren rechten Reifen. Damit nicht genug, fing es plötzlich auch noch aus heiterem Himmel zu regnen an. Rundherum schien die Sonne - nur genau über mir befand sich die kleine dunkle Wolke. Ich schaltete den Motor aus, hielt mir eine Plastikplane über den Schädel und wartete.

In Europa mag eine solche Situation Stress auslösen – hier nicht. Ich wusste, dass der Film weitergehen würde und Zeit hatte ich genug. Ich musste auch nicht lange warten, da kam schon ein Motorrad in Sicht. Der Fahrer hielt natürlich an und begrüßte mich:

„Hola Pedro, como tu estas? "

„Woher el diablo kennst Du mich denn? " lächelte ich ihn an.

„Ich arbeite bei der Bomba (Tankstelle) in Las Terrenas. Kennst Du mich nicht? "

Ich hatte das Schlitzohr noch nie gesehen.

„Hör zu, Kumpel! Wenn Du nach Gaspar Hernandez kommst, bleib bitte kurz bei einem Gomero stehen und sage ihm, dass ich hier auf ihn warte! Mein Reifen ist platt. "

„Mach ich, Pedro. Aber Du kannst mir auch helfen. "

Er war inzwischen von seiner Maschine gestiegen und baute sich vor mir auf.

„Weißt Du, Pedro. In Las Terrenas weiß das niemand, aber ich habe da in Sabaneta de Yasica einen kleinen Sohn. Der ist schwer krank und muss operiert werden. Das kostet 3000 Pesos. Zweitausendachthundert habe ich schon beisammen. Kannst Du mir die fehlenden zweihundert vorstrecken? "

Es hatte zu regnen aufgehört. Ich verstaute die Plastikplane unter dem Hintersitz, drehte mich zu ihm um und grinste ihn voll an.

„Das glaube ich Dir nicht einmal dann, wenn Du mir das Kind hier auf die Kühlerhaube legen würdest! Wie lange lebe ich denn schon hier auf der Affeninsel, um mir solchen Schwachsinn noch anzuhören? "

Wir kamen überein, die Probleme zu trennen: Er löst seines und ich meines. Der nächste Motorrad-fahrer kommt bestimmt und wie schon gesagt: Zeit hatte ich ja!

Fall 2

Es regnete wieder einmal in Strömen. Ich saß auf meiner Terrasse und trank Kaffee. Damals pendelte mein Leben noch zwischen Bier und Kaffee. Den Kaffee habe ich inzwischen aufgegeben.

Ich blieb jedoch nicht lange alleine: Ein Dominicano rannte über die Piste, entdeckte mein schützendes Dach und kam keuchend neben mir zum Stillstand. *„Buenas tardes, Senor!"* begrüßte ich ihn, stand auf, holte einen weiteren Stuhl heraus und stellte ihn hin. Er bedankte sich und nahm Platz. Ich bot ihm Kaffee an, doch er lehnte ab. Ich hatte ihn noch nie gesehen. Er trug einen dunklen Anzug mit Krawatte. Immer wenn ich einen Schwarzen mit Anzug und Krawatte sehe, schrillen bei mir alle Alarmglocken.

Nach einiger Zeit öffnete er sein kunstledernes Managerköffer-chen und holte eine Liste mit vielen Photos von Kindern heraus. Er erklärte mir dann, dass er aus Santo Domingo käme und einem Ver-ein angehöre, der es sich zur Aufgabe gemacht hätte, den armen Waisenkindern dort zu helfen. Dass in ein paar Wochen Weihnach-ten war, hatte damit natürlich nichts zu tun!

„Die Extranjeros (Er vermied das Wort Gringos!) haben ein gu-tes Herz und ich bin sicher, dass Sie auch etwas spenden wollen!"

„Das mit dem guten Herzen mag ja manchmal stimmen," grinste ich ihn an, *„aber ich helfe lieber hier, wo ich die Leute kenne."* Da deutete er auf ein kleines Plastikschildchen, welches an seinem An-zug befestigt war um dieser unverschämten Abzockerei auch noch ein offizielles Outfit zu verleihen.

Also lehnte ich mich zurück und legte los:

„Ich habe hier in Las Terrenas mindestens fünfzehn Kindern mei-nen Namen gegeben, ihnen Schul-kleidung, Hefte und Bleistifte ge-kauft und sie in die Schule geschickt. Wo waren denn da die Väter? Ihr vögelt hier verantwortungslos rum und jetzt sitzt DU hier und willst von mir noch GELD?"

Abrupt stand er auf und ging im strömenden Regen weiter. Vaya con Dios!

Fall 3

Als die "Kleine Titten Bar" an der Hauptstrasse noch besuchenswert war, stand eines Tages ein Dominikaner neben mir und bestellte ein Presidente. Er kam aus Hato Mayor und besuchte seine Tante hier in Las Terrenas. Wir kamen ins Gespräch und ich musste wieder einmal feststellen, dass die Menschen von auswärts sich weitaus kultivierter benehmen als die zugereisten „Terreneros." Nach einiger Zeit kam so ein Schlitzohr vorbei. Jedes Mal, wenn er mich sah, versuchte er, mich anzuschnorren und obwohl es nie funktioniert hatte – er versuchte es einfach immer wieder.

Also deutete er auf die fürchterlich anzuschauende Verletzung an seinem linken Fuß und hielt mir seine geöffnete Hand unter die Nase. Ich hatte ihm schon lange angeboten, ihn medizinisch zu behandeln, doch das lehnte er jedes Mal entschieden ab, ebenso eine Freifahrt ins Hospital.

Der Mann aus Hato Mayor langte in seine Hosentasche, zog eine 5 Peso Münze hervor und wollte sie dem Bettelnden geben. Das wollte der aber nicht – er wollte es nur von MIR! Darauf sagte der fremde Dominikaner zu mir:

„Gib ihm nichts!"

Und so geschah es auch. Danach philosophierten wir über den Fluch des Geldes und was es alles anrichten kann.

Fall 4 bis 98

Weitere Geschichten ähnlichen Inhaltes.

Fall 99

Es war an einem Colmado vor Los Yayales und es war Sonntag. Man saß in weißen Plastiksesseln, unterhielt sich und trank Bier. Der Campesino gegenüber war gut aufgelegt. Er deutete auf seine Frau neben sich und meinte stolz:

„Na – ist das nicht ein richtiges Weib?"

Das war sie auch – unbestritten. Da wusste man wenigstens wo vorne war! Ich lachte ihn an und da mir auch der Schalk im Nacken saß, provozierte ich ein wenig:

„Da hast Du recht, aber diese Titten sind aus Plastik – kein Frage!"

Die Frau holte tief Luft, sah mich an und winkte mit der Hand, ich solle rüberkommen. Als ich neben ihr stand, legte sie ihre prallen Brüste auf die Theke, ergriff meine Hand und legte sie drauf.

„No es Plastico!"

Während sie ihre Bluse wieder korrigierte, ging ein alter blinder Mann mit seinem Stock an der Straße entlang. Der Campesino erhob sich, ging zu dem Blinden und drückte ihm 5 Pesos in die Hand. Als ich das sah, habe ich sofort das gleiche getan.

So einfach ist das.

Zum Schluss

Zum Schluss möchte ich mich bei allen bedanken, die - aus welchen Gründen auch immer - meine Bücher gekauft und vielleicht sogar gelesen haben.

Ich war fast 15 Jahre dort und bedaure nicht einen Tag. Auch ich habe viel Geld dort gelassen, doch andererseits auch viel gewonnen. Wenn man so lange Zeit in einem Land gelebt hat, welches einem ungeahnte Freiheiten lässt und wo die tägliche Korruption allgegenwärtig ist, versteht man plötzlich auch, in welchem unmenschlichen System wir hier leben.

Meine Geschichten passierten zu einer Zeit, wo man tatsächlich glauben konnte, im Paradies zu sein. Das war einmal.

Eine Dominikanerin, die in der Schweiz lebt, sagte einmal:

   „Meine Heimat ist ein Paradies, das vom Teufel regiert wird."

Sie ahnt gar nicht, wie recht sie hat.

Pedro
Februar 2009

Zahlreiche Fotos von Pedro de Las Terrenas und vielen in diesem Buch erwähnten Schauplätzen finden Sie im Internet bei

www.ulises.de

Über die Bücher Karibische Impressionen Teil I, II und III, den Autor „Pedro" und den Herausgeber „Ulises"

Peter W., der Autor der Bücher „Karibische Impressionen" lebte mit kurzen Unterbrechungen fast fünfzehn Jahre auf der von Christoph Columbus entdeckten Karibik-Insel Dominikanische Republik, auf der Halbinsel Samana, im Dorf *Las Terrenas*. Nachdem er seine teils kuriosen Erlebnisse in einem nur in der Dominikanischen Republik erhältlichen Büchlein veröffentlicht hatte, wurde er unter seinem Künstlernamen „Pedro de Las Terrenas" zur Kultfigur, nicht nur für die auf der Insel lebenden „Aussteiger", sondern auch für Individualtouristen, die sein nur durch Zufall erhältliches Buch ergattern konnten und natürlich für die Dominikaner, denen man erzählte, was im Buch über sie geschrieben stand.

Dem ersten Büchlein von Pedro folgte ein zweites und die Fan-Gemeinde schrie nach einem dritten Teil, aber Pedro ließ kein drittes Buch mehr drucken. Zum Trost für seine Fans erschienen jedoch weitere Kurzgeschichten von ihm, allerdings nur im Internet.
Nun sind sie auch als Buch erhältlich; zusammengefasst in diesem Buch, Karibische Impressionen, Teil III.

Kurz vor Erscheinen des zweiten Buches „Karibische Impressionen Teil II", im Jahre 1999, lernten sich der Autor „Pedro" und der Herausgeber dieser Buchreihe, Ulrich Greiner-Bechert, persönlich in Las Terrenas kennen. Letzterer war von dem Flair der Dominikanischen Republik so begeistert, dass er die Insel schon mehrfach als Tourist bereist hatte und inzwischen eine Website betrieb, für Liebhaber der Dominikanischen Musik und die dazugehörigen Tänze Merengue und Bachata: www.ulises.de. Wie Peter aus Las Terrenas von den Dominikanern „Pedro de Las Terrenas" getauft worden war, so war aus dem Manager Ulrich schliesslich der „Ulises" geworden. Zumindest für die Dominikaner. Daher der Name Ulises.

Ulises wurde allerdings kein Aussteiger; er ist lediglich Tourist und Fan der Insel geblieben. Pedro, der sich stets gegen den Begriff „Aussteiger" wehrte, weil er auch nie ein „Einsteiger" gewesen war, lebt seit ein paar Jahren wieder in Europa.
Der richtige Name von Pedro ist Ulises natürlich bekannt.

Schließlich erhielt Ulises von Pedro die Erlaubnis,
seine Geschichten nochmals in Buchform herauszubringen.
Daher sind Pedro's „Karibische Impressionen", Teil I,II und III
nun endlich für jedermann im Buchhandel bestellbar.

Mehr Informationen zur Entstehungsgeschichte des Buches,
Fotos und Videos von Pedro, Ulises und zu den Schauplätzen in
Las Terrenas finden Sie auf der Internetseite von www.ulises.de.

Pedro de Las Terrenas

Karibische

Impressionen

Teil I
Teil II
Teil III

Herausgegeben von

www.ulises.de